DEN ULTIMATA KÖRSBÄR KOKBOKEN

Utforska de söta och syrliga smakerna av körsbär i 100 läckra recept

Marie Lindgren

Copyright Material ©2024

Alla rättigheter förbehållna

Ingen del av denna bok får användas eller överföras i någon form eller på något sätt utan korrekt skriftligt medgivande från utgivaren och upphovsrättsinnehavaren, förutom korta citat som används i en recension. Den här boken bör inte betraktas som en ersättning för medicinsk, juridisk eller annan professionell rådgivning.

INNEHÅLLSFÖRTECKNING

INNEHÅLLSFÖRTECKNING **3**
INTRODUKTION **6**
GRUNDRECEPT **7**
   1. KÖRSBÄRSJUICE 8
   2. KÖRSBÄRSSIRAP 10
   3. KÖRSBÄRSLIKÖR 12
   4. FYLLNING MED KÖRSBÄRSPAJ 14
   5. KÖRSBÄRSKONSERVER 16
   6. KÖRSBÄRSPULVER 18
   7. KÖRSBÄRSSYLT 20
   8. KÖRSBÄRSSÅS 22
   9. KÖRSBÄRSMJÖLK 24
  10. KÖRSBÄRSVINÄGRETT 26
  11. KÖRSBÄRSSMÖR 28
  12. POCHERADE KÖRSBÄR 30
  13. ROSTADE KÖRSBÄR 32
FRUKOST OCH BRUNCH **34**
  14. KÖRSBÄRSBANANBRÖD 35
  15. KÖRSBÄR OCH PISTAGENÖTTER GRÖT 38
  16. KÖRSBÄRSFYLLD ENGELSK MUFFIN 40
  17. AMARETTO CHERRY SCONES 42
  18. LAVENDEL KÖRSBÄR ÖVER NATTEN HAVRE 44
  19. KÖRSBÄRSFYLLD PRETZELCROISSANT 46
  20. CHERRY VARM CHOKLAD 48
  21. KÖRSBÄRSFRANSKA ROSTAT BRÖD 50
  22. KÖRSBÄRSMANDELPANNKAKOR 53
  23. BRANDY KÖRSBÄRSVÅFFLOR 55
  24. FÖDELSEDAG KÖRSBÄRSVALNÖTSBRÖD 57
  25. CHERRY JAM DONUT S 60
  26. KÖRSBÄRSBISCOTTI 63
  27. TOBLERONE CREPES MED KONJAKKÖRSBÄR 65
  28. KÖRSBÄRSCREPES 67
  29. KÖRSBÄRSKAFFE 69
  30. CHERRY CHOCOLATE BUN S 71
SNACKS **74**
  31. KÖRSBÄRSFYLLDA CHOKLADTRYFFEL 75
  32. KÖRSBÄRSBARER 77
  33. CHERRY MALT BLISS CUPCAKES 79
  34. CHERRY PINWHEEL SHORTCAKES 82
  35. KÖRSBÄRSQUINOA BAR 84
  36. MÖRK CHOKLAD KÖRSBÄRSKLUSTER 86

37. Körsbärsrombollar 8
38. Mörk choklad täckta körsbär 9
39. Körsbärsomsättningar 9
40. Romkörsbärsfritter 9
41. Körsbärspopcorn 9
42. Cherry Trail Mix 9
43. Cherry Cream Puffs 10
44. Cherry Brownie Bites 10
45. Körsbärsvin ris krispiga godsaker 10
46. Körsbärsenergibollar 10
47. Körsbärskakor 10
48. Körsbärsvin ris krispiga godsaker 11

EFTERRÄTT 11
49. Cherry Cheesecake med en Red Mirror Glaze 11
50. Körsbärshasselnötscrunchpaj 11
51. Körsbärs-, Rabarber- och Melonsallad 12
52. Amaretto-glass av körsbär och blåbär 12
53. Cherry mjölksmula 12
54. Körsbärsparfait 12
55. Cherry Cream Dacquoise 12
56. Cappuccino Blueberry Crisp 13
57. Cherry Bavarois 134
58. Körsbär upp och ner tårta 136
59. Körsbärsmandelkruka de crème 138
60. Cherry Brownie Paj 140
61. Körsbärsskomakare 142
62. Vaniljsåska 144
63. Citronkörsbärsnötmousse 146
64. Körsbärsmousse 148
65. Double Cherry Semifreddo 150
66. Tart Cherry Swirl Coconut Glass 153
67. Gammaldags glass 156
68. Körsbär och mandel Pavlova 158
69. Färska körsbärsflan 160
70. Körsbärsrullad glass 162
71. Cherry Cheesecake Glass 164
72. Körsbärstårta 166
73. Cherry gateau 168
74. Körsbärssufflé 170
75. Cherry Tiramisu 172
76. Körsbärsfrukt Chia Pudding 175
77. Cherry Cannoli 177
78. Körsbärstårta 180
79. Körsbärsglasögon med brownies 182

80. Cherry Bircher 185
81. Cherry Zuccotto 187
82. Cherry Boule-de-Neige 189
DRYCK.. 192
83. Körsbärsvanilj Bourbon 193
84. Körsbärslemonad 195
85. Ch erry Tutti-frutti 197
86. Ananas körsbär Punch 200
87. Bourbon och körsbärscocktail 202
88. Cherry Cucumber Refresher 204
89. Körsbärslimeade 206
90. Körsbärsmyntavatten 208
91. Körsbär Och Persilja Mocktail 210
92. Iced körsbärsmocka 212
93. Bing C herrylikör 214
94. Körsbärsvanilj Bourbon 216
95. Körsbärsbrännvin 218
96. Körsbärsinfunderad konjak 220
97. Cherry Kombucha 222
98. Cherry Martini 224
99. Cherry Boba milkshake 226
100. Cherry Vanilj Smoothie 228
SLUTSATS 230

INTRODUKTION

Välkommen till "DEN ULTIMATA KÖRSBÄR KOKBOKEN", din guide t att utforska de förtjusande söta och syrliga smakerna av körsbä genom 100 läckra recept. Körsbär, med sin livfulla färg oc oemotståndliga smak, är en älskad frukt som uppskattas av människo runt om i världen. I den här kokboken hyllar vi körsbären mångsidighet och läckra smak, och visar deras unika smakprofil i e mängd olika kulinariska skapelser.

I den här kokboken ger du dig ut på ett kulinariskt äventyr genor körsbärsvärlden och upptäcker en mängd recept som framhäver dera söta och syrliga smaker. Från klassiska körsbärspajer och fruktig sylt ti salta rätter som körsbärsglaserad kyckling och livfulla sallader, varj recept är utformat för att visa upp den läckra mångsidigheten ho denna älskade frukt. Oavsett om du är ett fan av söta desserter elle salta huvudrätter, finns det något för alla att njuta av i den hä kollektionen.

Det som skiljer "DEN ULTIMATA KÖRSBÄR KOKBOKEN" är des betoning på kreativitet och innovation. Medan körsbär ofta förknippa med klassiska desserter som pajer och skomakare, utforskar den hä kokboken deras potential i ett brett utbud av rätter, från frukostgodi till salta förrätter och mer. Med lätta att följa instruktioner ocl användbara tips blir du inspirerad att experimentera med körsbär p nya och spännande sätt, vilket ger varje måltid en smakupplevelse.

I den här kokboken hittar du praktiska råd om att välja, lagra ocl förbereda körsbär, samt fantastiska fotografier för att inspirera dina kulinariska skapelser. Oavsett om du bakar för ett speciellt tillfälle, ä värd för ett middagsparty eller bara vill unna dig en läcke körsbärsgodis, har "DEN ULTIMATA KÖRSBÄR KOKBOKEN" allt du behöver för att få ut det mesta av denna underbara frukt.

GRUNDRECEPT

1.Körsbärsjuice

INGREDIENSER:
- 3 koppar körsbär; mogen och färsk eller fryst
- ½ kopp vatten

INSTRUKTIONER:
a) Börja med att tvätta körsbären och ta bort gropar.
b) Mata helt enkelt de urkärnade körsbären genom rännan för juicepressen och låt maskinen göra jobbet.
c) Bearbeta fruktköttet en eller två gånger till för att extrahera så mycket juice som möjligt från frukten.

2.Körsbärssirap

INGREDIENSER:
- ½ kopp färska körsbär
- ½ kopp socker
- ½ kopp vatten

INSTRUKTIONER:
a) Värm sockret i vatten i en liten kastrull på låg värme.
b) Tillsätt körsbären i sirapen och låt dem stå över natten i en lufttät behållare.
c) Sila och släng körsbären.

3. Körsbärslikör

INGREDIENSER:
- 4 koppar vodka
- 4 koppar frysta mörkt urkärnade körsbär, tinade
- 2 koppar strösocker

INSTRUKTIONER:
a) Fördela den stora flaskan vodka jämnt mellan de två burkarna i kvartsstorlek, fyll varje burk med drygt 2 koppar vodka.
b) Tillsätt två koppar körsbär i varje burk.
c) Inkludera 1 kopp strösocker i varje burk.
d) Skruva ordentligt på locken och skaka burkarna ordentligt för att blanda ingredienserna ordentligt.
e) Ställ burkarna i ett mörkt skåp eller annan mörk fläck i minst 1 månad. Skaka burkarna minst två gånger i veckan under denna period, eller närhelst du tänker på det. Sockret kommer att lösas upp helt under denna tid. Vodkan kommer att smaksättas efter 1 månad, men för en djupare smak och färg kan du låta den dra längre.
f) När likören har blötlagt klart, sila en av burkarna med likör i ett stort glasmått med en hällpip. Dekantera sedan likören i två steriliserade 8½ ounce flaskor med tättslutande lock. Upprepa denna process med den andra burken.
g) Placera alla körsbär i en av kvartsburkarna och toppa den med rom, bourbon eller konjak för att skapa cocktailkörsbär. Du kan också dela dessa i mindre burkar för härliga presenter, speciellt lämpade för fans av den gammaldags cocktailen.
h) Förvara flaskorna med likör och körsbär på en sval, torr plats, till exempel ett skåp eller skafferi.

4. Fyllning med körsbärspaj

INGREDIENSER:
- 4 koppar (616 g) urkärnade körsbär, tinade om de är frysta
- 1 kopp (198 g) strösocker
- 2 msk citronsaft
- ¼ kopp (28 g) majsstärkelse
- En liten nypa salt
- Valfritt: ⅛ tesked kanel

INSTRUKTIONER:
a) Kombinera körsbär, strösocker, citronsaft, majsstärkelse, en liten nypa salt och eventuellt kanel i en medelstor kastrull på medelvärme. Blanda väl.
b) Om dina körsbär inte är särskilt saftiga, överväg att tillsätta vatten till blandningen. Mängden vatten som behövs kan variera från några matskedar till ½ kopp, beroende på fukthalten i din frukt. Detta hjälper till att uppnå önskad konsistens.
c) Låt blandningen koka upp. När det börjar koka, sänk värmen till medel-låg.
d) Sjud i 8-10 minuter eller tills blandningen tjocknar. Om du märker att blandningen fastnar i pannan, sänk värmen till låg och tillsätt en skvätt vatten för att förhindra att den fastnar.
e) Ta kastrullen från värmen och låt körsbärspajfyllningen svalna något.

5. Körsbärskonserver

INGREDIENSER:
- 1 pund urkärnade körsbär (färska eller frysta)
- 1½ koppar strösocker
- 1 matsked färskpressad citronsaft
- ½ tesked citronskal
- 1 matsked smör

INSTRUKTIONER:
a) Börja med att tvätta och förbereda körsbären. Om du använder frysta körsbär behöver du inte tina dem i förväg.
b) I en medelstor kastrull, kombinera körsbär, strösocker, färskpressad citronsaft och citronskal.
c) Blanda ingredienserna på medel-låg värme tills sockret löst sig helt, vilket bör ta cirka 5 minuter.
d) Öka värmen och låt blandningen koka upp. Låt det koka i 3 minuter, ta sedan bort det från värmen och rör ner matskeden smör.
e) Sätt tillbaka kastrullen på värmen och låt den koka upp igen. Sänk sedan värmen till medium. Rör om och mosa körsbären ofta, fortsätt att koka tills sylten tjocknar. Du kan också kontrollera temperaturen, och den bör nå 220°F/104°C. Detta tar vanligtvis cirka 10 till 15 minuter.
f) Låt sylten svalna något och överför den försiktigt till en ren, tempererad burk.
g) När sylten har svalnat helt, täck burken och förvara den i kylen.

6.Körsbärspulver

INGREDIENSER:
- Färska eller frysta körsbär

INSTRUKTIONER:
a) Börja med att tvätta och torka körsbären ordentligt. Ta bort eventuella stjälkar och gropar om det behövs.
b) Om du har frysta körsbär, se till att de är helt tinade och klappa dem torra.
c) Lägg de förberedda körsbären på dehydratorbrickorna i ett enda lager, se till att de inte rör vid varandra.
d) Ställ in dehydratorn på en temperatur på cirka 135°F (57°C) för körsbär.
e) Torka av körsbären i cirka 8-12 timmar eller tills de är helt torra och spröda. Tiden kan variera beroende på din dehydrator och fukthalten i körsbären.
f) Förvärm ugnen till lägsta möjliga temperatur (vanligtvis runt 170°F eller 75°C).
g) Lägg de förberedda körsbären på en plåt klädd med bakplåtspapper i ett enda lager.
h) Öppna ugnsluckan lätt med en träslev eller ugnssäkert redskap för att tillåta fukt att komma ut.
i) Grädda körsbären i 6-10 timmar, kontrollera dem regelbundet. De är klara när de är helt torra och spröda.
j) Låt de torkade körsbären svalna till rumstemperatur.
k) Överför de torkade körsbären till en kryddkvarn, mixer eller matberedare. Du kan också använda en mortel och mortelstöt om du föredrar en grövre konsistens.
l) Pulsera eller mal de torkade körsbären tills du får ett fint pulver. Detta kan ta några minuter, beroende på din utrustning.
m) Överför körsbärspulvret till en lufttät behållare, till exempel en glasburk med ett tättslutande lock.
n) Förvara den på en sval, torr plats, borta från direkt solljus.
o) Körsbärspulver kan användas som ett naturligt smak- och färgämne i en mängd olika recept. Det är bra för att lägga till körsbärssmak till smoothies, havregryn, bakverk, såser och till och med hemlagad glass.
p) Justera mängden körsbärspulver efter smak, beroende på receptet du använder.

7.Körsbärssylt

INGREDIENSER:
- 3 koppar färska körsbär, urkärnade och hackade
- ½ kopp osötad äppeljuice
- 2 teskedar citronsaft
- 2 (2-ounce) förpackningar med pulveriserat fruktpektin
- 3 koppar vitt socker
- 4 halvliters konservburkar med lock och ringar

INSTRUKTIONER:
a) Kombinera körsbär, äppeljuice, citronsaft och pektinpulver i en stor kastrull på medelvärme. Koka upp blandningen och rör ner det vita sockret. Låt sylten koka under ständig omrörning i 2 minuter. Ta bort den från värmen och skumma bort eventuellt skum.
b) Sterilisera burkarna och locken genom att lägga dem i kokande vatten i minst 5 minuter. Packa den varma körsbärssylten i de steriliserade burkarna, fyll dem till inom ¼ tum från toppen. När du har fyllt burkarna kör du en kniv eller en tunn spatel längs insidan för att ta bort eventuella luftbubblor.
c) Torka av burkens kanter med en fuktig pappershandduk för att ta bort eventuella matrester. Toppa varje burk med ett lock och skruva på ringarna.
d) Ställ in ett galler i botten av en stor kastrull och fyll den till hälften med vatten.
e) Koka upp vattnet på hög värme. Sänk försiktigt ner de fyllda burkarna i potten med hjälp av en burkhållare, se till att det finns ett 2-tums utrymme mellan dem.
f) Tillsätt mer kokande vatten om det behövs, upprätthåll en vattennivå minst 1 tum ovanför burkarnas toppar.
g) Koka upp vattnet igen, täck kastrullen och bearbeta i 15 minuter eller enligt rekommendationerna från ditt lokala förlängningsagent.
h) Ta bort burkarna från lagerkrukan och placera dem på en tygklädd yta eller träyta, med ett par centimeters avstånd mellan dem.
i) Låt dem svalna. När det har svalnat, tryck på toppen av varje lock med ett finger för att säkerställa en tät förslutning (locket ska inte röra sig uppåt eller nedåt).
j) Förvara din körsbärssylt på ett svalt, mörkt ställe.

8. Körsbärssås

INGREDIENSER:
- 4 koppar söta körsbär (färska eller frysta), urkärnade
- ¼ till ⅓ kopp vatten
- 1 matsked majsstärkelse
- 1 matsked citronsaft
- 2 matskedar socker

INSTRUKTIONER:
a) I en medelstor kastrull (av värmen), häll i vattnet. Använd ⅓ kopp vatten för färska körsbär och ¼ kopp vatten för frysta körsbär. Vispa i 1 matsked majsstärkelse, 1 matsked citronsaft och 2 matskedar socker.
b) Ställ kastrullen på medelvärme och vispa hela tiden tills blandningen börjar tjockna.
c) Tillsätt körsbären och koka, rör om då och då tills såsen kokar lätt upp. Detta tar cirka 6-10 minuter för färska körsbär och 12-15 minuter för frysta körsbär. Såsen ska vara tjock och jämnt bubblande, inte bara i kanterna. När det är uppnått, ta bort det från värmen.
d) Låt såsen svalna till rumstemperatur, täck sedan över och förvara den i kylskåpet i en glasburk eller Tupperware-behållare tills du är redo att använda den. Den kommer att tjockna ytterligare när den står.

9.Körsbärsmjölk

INGREDIENSER:
- 6 uns mandelmjölk
- 4 uns syrlig körsbärsjuice
- 1 msk honung eller lönnsirap

INSTRUKTIONER:
a) Värm mandelmjölk och syrlig körsbärsjuice på medelvärme i en liten kastrull.
b) Ta bort från värmen och vispa i honung.
c) Drick varmt.

10.Körsbärsvinägrett

INGREDIENSER:
- 1 kopp körsbär, urkärnade och halverade
- 2 matskedar rödvinsvinäger
- 1 matsked hallonvinäger (eller balsamicoglasyr)
- 3 matskedar extra virgin olivolja

INSTRUKTIONER:
a) Börja med att tvätta, kärna ur och halvera dina körsbär.
b) Lägg alla ingredienserna till dressingen i en liten matberedare eller en kompakt snabbmixer. Mixa tills blandningen blir slät.
c) Smaka av dressingen och justera kryddorna efter dina personliga preferenser.
d) Om dressingen verkar för tjock kan du tillsätta 1-2 matskedar vatten för att uppnå önskad konsistens.
e) Förvara körsbärsvinägretten i en lufttät behållare i kylen. Den kan hållas i 3-4 dagar.

11. Körsbärssmör

INGREDIENSER:
- 5 pund körsbär, urkärnade
- 1-2 koppar strösocker

INSTRUKTIONER:
a) Börja med att urkärna körsbären, antingen med hjälp av en handpitter eller med puttrametoden som beskrivs ovan.
b) När körsbären är urkärnade, puré dem tills de är jämna.
c) Överför purén till en långsam spis och koka på låg i 8 till 16 timmar, eller tills körsbärspurén har reducerats till hälften och blir ganska tjock.
d) Använd en stavmixer för att puréa blandningen igen tills den är väldigt slät. Tillsätt socker efter din smak och rör tills det är helt fördelat och löst.
e) Häll upp det färdiga körsbärssmöret i halvlitersburkar och se till att det finns en ½ tums headspace på toppen.
f) Torka burkkanterna rena, lägg på lock och ringar och bearbeta burkarna i en burk med kokande vattenbad i 15 minuter.
g) Efter bearbetningstiden tar du försiktigt bort burkarna och lägger dem på en vikt kökshandduk för att svalna. När burkarna har svalnat tillräckligt för att du ska kunna hantera dem bekvämt, kontrollera tätningarna.
h) Förseglade burkar kan förvaras i rumstemperatur i upp till ett år. Eventuella oförseglade burkar bör kylas och användas omgående.

12. Pocherade körsbär

INGREDIENSER:
- 24 urkärnade körsbär
- 250 ml rött vin
- 2 matskedar farinsocker
- 1 kanelstång
- 1 tsk svartpepparkorn
- Frön från 1 vaniljstång

INSTRUKTIONER:
a) Börja med att försiktigt värma rödvinet och farinsockret i en kastrull, rör om tills sockret löst sig helt.
b) Lägg kanelstången och svartpepparkornen i ostduk, knyt det ordentligt och lägg i kastrullen med vinet.
c) Införliva körsbär och vaniljfrön i pannan, säkerställ en noggrann blandning, och låt det koka upp.
d) Fortsätt koka några minuter tills körsbären blivit mjuka.
e) Ta sedan försiktigt bort körsbären från pannan med en hålslev och överför dem till en skål.
f) Fortsätt att sjuda vinblandningen tills den minskar till en sirapsliknande konsistens.
g) Återinför körsbären i pannan, ta den från värmen och rör om väl för att blanda frukten med sirapen.

13.Rostade körsbär

INGREDIENSER:
- 4 koppar urkärnade körsbär
- 1 matsked olivolja
- ¼ tesked fint havssalt
- ¼ tesked svartpeppar
- 3 matskedar färsk persilja, finhackad

INSTRUKTIONER:
a) Värm ugnen till 450 grader och klä en plåt med bakplåtspapper.
b) Använd en körsbärspitter för att ta bort groparna från körsbären.
c) I en skål, släng körsbären med olivolja, havssalt och svartpeppar tills de är väl belagda. Fördela de förberedda körsbären på den klädda plåten.
d) Rosta körsbären i den förvärmda ugnen i 15 minuter.
e) När de är klara tar du ut körsbären från ugnen och strö över dem med färsk persilja. Kasta försiktigt körsbären när de har svalnat tillräckligt för att hantera.
f) Du kan njuta av de rostade körsbären varma som tillbehör, eller förvara dem i kylen i upp till fem dagar för att använda i sallader eller som ett gott mellanmål.

FRUKOST OCH BRUNCH

14. Körsbärsbananbröd

INGREDIENSER:
FÖR BANANBRÖDET:
- 3 mogna bananer, mosade
- ½ kopp osaltat smör, smält
- 1 kopp strösocker
- 2 stora ägg
- 1 tsk vaniljextrakt
- 1 ½ dl universalmjöl
- ¼ kopp kakaopulver
- 1 tsk bakpulver
- ½ tsk salt
- ½ kopp halvsöt chokladchips

FÖR TOPPEN:
- 1 dl färska körsbär, urkärnade och halverade
- ¼ kopp strösocker
- ¼ kopp vatten
- 1 msk majsstärkelse
- Vispad grädde (till servering, valfritt)

INSTRUKTIONER:

a) Värm ugnen till 350°F (175°C). Smörj och mjöla en 9x5-tum brödform.
b) Mosa de mogna bananerna i en bunke med en gaffel tills de är jämna.
c) I en separat stor skål, vispa ihop det smälta smöret och strösockret tills det är väl blandat.
d) Tillsätt äggen och vaniljextraktet i smör-sockerblandningen och vispa till en slät smet.
e) I en annan skål, sikta ihop allsidigt mjöl, kakaopulver, bakpulver och salt.
f) Tillsätt gradvis de torra ingredienserna till de våta ingredienserna rör om tills de precis blandas. Blanda inte för mycket.
g) Vänd försiktigt ner de halvsöta chokladbitarna.
h) Häll bananbrödssmeten i den förberedda brödformen.
i) Grädda i den förvärmda ugnen i 60-70 minuter eller tills en tandpetare som sticks in i mitten kommer ut ren.

j) Medan bananbrödet bakas, förbered toppingen. I en kastrull, kombinera de urkärnade och halverade körsbären, strösocker och vatten. Låt sjuda på medelvärme.
k) I en liten skål, blanda majsstärkelsen med en matsked vatten för att skapa en slurry. Tillsätt denna uppslamning till den sjudande körsbärsblandningen och rör om tills såsen tjocknar. Ta bort från värmen och låt det svalna.
l) När bananbrödet är färdigbakat, ta ut det från ugnen och låt det svalna i formen i cirka 10 minuter innan du överför det till ett galler för att svalna helt.
m) När bananbrödet har svalnat, sked körsbärstoppningen över limpan.
n) Servera eventuellt skivor bananbröd med en klick vispgrädde.

15.Körsbär och pistagenötter Gröt

INGREDIENSER:
- 2 dl gammaldags havre
- 2 ¼ koppar vatten
- 2 ¼ koppar mjölk
- ½ tsk salt
- ¼ tesked muskotnöt
- 1 matsked honung
- 1 msk torkade tranbär
- 1 msk torkade körsbär
- 1 msk rostade pistagenötter

INSTRUKTIONER:
a) Tillsätt alla ingredienser i Instant Pot, förutom tranbär, körsbär och pistagenötter.
b) Sätt på locket på spisen och tryck på funktionsknappen "Manuell".
c) Justera tiden till 6 minuter och koka på högt tryck.
d) Efter ljudsignalen, släpp trycket naturligt och ta av locket.
e) Rör om den beredda havregrynen och servera i en skål.
f) Garnera med tranbär, körsbär och pistagenötter på toppen.

16. Körsbärsfylld engelsk muffin

INGREDIENSER:
- 2 stora ägg
- ½ kopp osötad vaniljmandelmjölk
- 2 msk lönnsirap
- ¼ tesked vaniljextrakt
- 1 tsk mald kanel
- Saften av ½ citron
- 2 engelska muffins av fullkornsvete, skurna i 1-tums kuber
- ¼ kopp macadamianötter
- ½ kopp färska urkärnade körsbär
- Lönnsirap (valfritt)

INSTRUKTIONER:
a) Värm ugnen till 375 grader F (190 grader C).
b) Smörj två ramekins med non-stick matlagningsspray och ställ dem åt sidan.
c) Vispa ihop ägg, mandelmjölk, lönnsirap, vaniljextrakt, mald kanel och citronsaft i en skål.
d) I en annan skål, blanda ihop de engelska muffinstärningarna, macadamianötterna och färska körsbär. Fördela denna blandning jämnt mellan de två förberedda ramekinerna.
e) Häll äggblandningen över den engelska muffins- och körsbärsblandningen i ramekinsen.
f) Placera ramekins i den förvärmda ugnen och grädda i cirka 22 till 25 minuter, eller tills kanterna börjar bli knapriga och franska toast-kopparna har stelnat.

17. Amaretto Cherry Scones

INGREDIENSER:
- 2 koppar universalmjöl
- ½ kopp socker
- 2 tsk bakpulver
- ½ tsk salt
- ½ kopp osaltat smör, kylt och i tärningar
- ½ kopp torkade körsbär, hackade
- ¼ kopp skivad mandel
- ¼ kopp amaretto
- ½ kopp tung grädde
- 1 ägg, uppvispat

INSTRUKTIONER:
a) Värm ugnen till 375°F.
b) I en stor skål, vispa ihop mjöl, socker, bakpulver och salt.
c) Använd en konditor eller fingrarna och skär smöret i de torra ingredienserna tills blandningen liknar grova smulor.
d) Rör ner de torkade körsbären och skivad mandel.
e) Vispa ihop amaretton, grädden och ägget i en separat skål.
f) Häll de blöta ingredienserna över de torra ingredienserna och rör om tills blandningen precis går ihop.
g) Vänd ut degen på en mjölad yta och knåda försiktigt tills den bildar en sammanhängande boll.
h) Klappa degen till en cirkel ca 1 tum tjock.
i) Skär cirkeln i 8 klyftor.
j) Lägg klyftorna på en bakplåtspappersklädd plåt.
k) Pensla topparna på sconesen med lite extra grädde.
l) Grädda i 20-25 minuter, tills de är gyllenbruna och genomstekta.
m) Servera varm med en klick amarettoglasyr (gjord på strösocker och amaretto).

18.Lavendel körsbär över natten havre

INGREDIENSER:
- 1 kopp cashewnötter
- 2 ½ dl vatten
- ½ tesked torkad kulinarisk lavendel
- 1 matsked socker
- 1 tsk färsk citronsaft
- 1 tsk rent vaniljextrakt
- 1 kopp havregryn
- 1 dl färska körsbär, urkärnade och halverade
- 2 msk skivad mandel

INSTRUKTIONER:

a) Häll cashewnötter och vatten i en kraftfull mixer och puré tills det är väldigt krämigt och slätt. Beroende på styrkan på din mixer kan detta ta upp till 5 minuter.

b) Tillsätt lavendel, socker, citronsaft, vaniljextrakt och en liten nypa salt. Pulsera för att kombinera och sila sedan med en nätsil eller nötmjölkspåse.

c) Lägg cashew-lavendelmjölken i en skål och rör ner havren. Täck över och ställ i kylen och låt dra i 4-6 timmar eller över natten.

d) För att servera, sked havre i två skålar och tillsätt körsbär och mandel. Njut av!

19. Körsbärsfylld pretzelcroissant

INGREDIENSER:
- 2 färska kringla croissanter
- 6 matskedar ostmassa eller färskost
- 3 msk lönnsirap eller honung
- 1 tsk citronsaft
- ½ tesked vaniljextrakt
- 1 kopp färska jordgubbar
- ½ kopp färska körsbär

INSTRUKTIONER:
a) Tvätta jordgubbarna och ta bort de gröna topparna. Skär dem i skivor. Tvätta körsbären, halvera dem och ta bort stenarna. Blanda jordgubbar och körsbär i en skål med 1 msk lönnsirap och citronsaft.
b) I en separat skål, blanda ostmassan med 1 msk lönnsirap och vaniljextraktet. För en krämigare konsistens, tillsätt 1-2 matskedar vatten till blandningen om så önskas.
c) Skär kringla croissanterna på mitten horisontellt. Bred ut 3 matskedar av vaniljkvargblandningen på den nedre halvan av varje croissant.
d) Toppa kvargblandningen med de blandade frukterna, fördela dem jämnt över croissanthalvorna.
e) Täck frukterna med den övre delen av croissanten, vilket skapar en härligt fylld kringla croissant.
f) Om du vill, ringla lite extra lönnsirap eller honung på den övre halvan av croissanten för extra sötma.
g) Servera omedelbart och njut av denna härliga jordgubbs- och körsbärsfyllda pretzelcroissant för en härlig frukost som ger sommarens smaker till din morgonrutin.

20. Cherry varm choklad

INGREDIENSER:
VARM CHOKLAD:
- 1 dl helmjölk
- 2 matskedar strösocker
- 1 ½ msk osötat kakaopulver
- 1 msk Amarena körsbärsjuice
- ½ tsk rent vaniljextrakt
- 1/16 tsk havssalt
- 1 ½ uns 72% mörk choklad hackad

TOPPINGS:
- 4 matskedar tung vispgrädde vispad till mjuka toppar
- 2 Amarena körsbär
- 2 tsk mörk choklad lockar

INSTRUKTIONER:
a) Tillsätt mjölk, socker, kakaopulver, körsbärsjuice, vanilj och salt i en liten kastrull på medelvärme och vispa ihop.
b) När det puttrat, vispa i den hackade chokladen.
c) Låt sjuda och koka tills det tjocknat något, cirka 1 minut, under konstant vispning.
d) Häll upp i 2 muggar och toppa vardera med hälften av den vispade grädden, 1 körsbär och 1 tsk chokladslingor.
e) Servera omedelbart.

21. Körsbärsfranska rostat bröd

INGREDIENSER:
- 2 skivor challabröd, tjocka skivor
- 2 ägg
- 3 matskedar halv-och-halva, eller mjölk
- 6 matskedar socker
- 3 matskedar Hersheys kakao, osötad
- 1 tsk vanilj
- 1 tsk kanel, mald
- 1 nypa salt
- 3 msk färskost, eller vispad färskost

TOPPING FÖR FRENCH TOAST
- 1 flaska Hersheys speciella mörk chokladsirap
- 1 burk surkörsbärskonserver eller surkörsbärssylt
- 1 burk griottiner (körsbär i kirsch)
- 1 burk vispad grädde
- ¼ c halvsöta chokladchips

INSTRUKTIONER:
a) Skaffa en ganska stor skål att förbereda en blandning för att doppa rostat bröd i.
b) Tillsätt dina ägg och vispa dem. Tillsätt sedan hälften och hälften, vanilj, kanel, stevia och Hersheys kakao.
c) Vispa ihop alla dessa. Det kommer att ta lite vispning för att blanda in chokladen men det gör det efter några minuter.
d) Värm ugnen till 350 grader eller använd en brödrost.
e) Hetta upp olja eller smör i en panna.
f) Ta nu en skiva bröd och doppa den i blandningen för att mätta, vänd på den och få den andra sidan också. Upprepa för den andra skivan.
g) Skaka av överskottet och lägg i pannan för att laga mat. Koka tills båda sidor är fin och knaprig brun.
h) Lägg en skiva rostat bröd på en tallrik och tillsätt generöst lite färskost och toppa med några chokladbitar.
i) Lägg din andra skiva toast ovanpå. Lägg nu dina 2 skivor rostat bröd i en ugnsform och in i ugnen/eller brödrosten i cirka 5 minuter tills chipsen har smält. Ta bort och plåt.

j) Lägg några av de sura körsbären ovanpå rostat bröd med fler skedar av den söta vätskan. Tillsätt din vispade grädde, tillsätt eller 4 griottiner och en matsked kirsch över toppen, och ringla di Hershey's chokladsirap över franska toast.

k) Lägg till några fler chokladchips...nu är du redo att äta den mes dekadenta French Toast du någonsin har haft. Njut av varje tugga

22. Körsbärsmandelpannkakor

INGREDIENSER:

- 1½ dl mandelmjöl
- 1 tsk bakpulver
- 1 tsk bakpulver
- ¼ tesked salt
- 2 stora ägg, vispade
- 1 msk lönnsirap
- 1 tsk vaniljextrakt
- ½ kopp konserverad helfet kokosmjölk
- ½ kopp fint tärnade söta körsbär
- ¼ kopp skivad mandel

INSTRUKTIONER:

a) Tillsätt mjöl, bakpulver, bakpulver och salt i en skål och vispa så a det blandas ordentligt.
b) Vispa ihop ägg, lönnsirap, vanilj och kokosmjölk i en separat skål.
c) Tillsätt de våta ingredienserna till de torra ingredienserna oc vispa så att de blandas ordentligt.
d) Vispa nu i körsbär och mandel och blanda tills allt är väl blandat.
e) Låt smeten vila i 5 till 10 minuter. Detta gör att alla ingrediense går ihop och ger smeten en bättre konsistens.
f) Spraya en non-stick stekpanna eller stekpanna generöst me vegetabilisk olja och värm på medelhög värme.
g) När stekpannan är varm, tillsätt smeten med hjälp av en ¼-kopp måttbägare och häll smeten i stekpannan för att göra pannkakar Använd måtten för att forma pannkakan.
h) Koka tills sidorna ser stelna ut och det bildas bubblor i mitten (cirk 2 till 3 minuter), vänd sedan pannkakan.
i) När pannkakan är tillagad på den sidan, ta bort pannkakan frå värmen och lägg den på en tallrik.
j) Fortsätt dessa steg med resten av smeten.

23. Brandy körsbärsvåfflor

INGREDIENSER:
- 2 koppar universalmjöl
- 2 matskedar strösocker
- 1 msk bakpulver
- ½ tsk salt
- 2 stora ägg
- 1¾ koppar mjölk
- ¼ kopp osaltat smör, smält
- 2 matskedar konjak
- ½ kopp hackade körsbär (färska eller frysta)

INSTRUKTIONER:
a) I en bunke, vispa ihop mjöl, socker, bakpulver och salt.
b) Vispa äggen i en separat skål. Tillsätt mjölk, smält smör, konjak oc hackade körsbär. Vispa tills det är väl blandat.
c) Häll de blöta ingredienserna i de torra ingredienserna och rör or tills det precis blandas.
d) Förvärm ditt våffeljärn och smörj det lätt.
e) Häll smeten på det förvärmda våffeljärnet och koka enlig tillverkarens anvisningar.
f) Servera konjakkörsbärsvåfflorna med strösocker och en klic vispgrädde.

24. Födelsedag körsbärsvalnötsbröd

INGREDIENSER:
- 2 koppar universalmjöl
- 1 tsk bakpulver
- ½ tesked bakpulver
- ¼ tesked salt
- ½ kopp osaltat smör, mjukat
- 1 kopp strösocker
- 2 stora ägg
- 1 tsk vaniljextrakt
- ½ kopp kärnmjölk
- 1 kopp färska eller frysta körsbär, urkärnade och halverade
- ½ kopp hackade valnötter

VALFRI GLASYR:
- 1 kopp strösocker
- 1-2 msk mjölk
- ½ tesked vaniljextrakt

INSTRUKTIONER:
a) Värm ugnen till 180°C (350°F) och smörj en 9x5-tums brödform.
b) I en medelstor skål, vispa ihop mjöl, bakpulver, bakpulver och salt. Avsätta.
c) I en stor bunke, grädda ihop det mjuknade smöret och strösockret tills det är ljust och fluffigt.
d) Tillsätt äggen, ett i taget, vispa ordentligt efter varje tillsats. Rör ner vaniljextraktet.
e) Tillsätt gradvis de torra ingredienserna till smörblandningen, omväxlande med kärnmjölken. Börja och avsluta med de torra ingredienserna, blanda tills det precis är blandat.
f) Vänd försiktigt ner körsbär och hackade valnötter tills de är jämnt fördelade i smeten.
g) Häll smeten i den förberedda brödformen och jämna till toppen med en spatel.
h) Grädda i den förvärmda ugnen i cirka 50-60 minuter, eller tills en tandpetare som sticks in i mitten kommer ut ren.
i) Ta ut brödet från ugnen och låt det svalna i formen i ca 10 minuter. Överför sedan den till ett galler för att svalna helt.

VALFRI GLASYR:
j) I en liten skål, vispa ihop strösocker, mjölk och vaniljextrakt tills det är slätt och krämigt. Justera konsistensen genom att tillsätta mer mjölk om det behövs.
k) När brödet har svalnat, ringla glasyren över toppen, låt det droppa ner på sidorna.

25. Cherry Jam Donuts

INGREDIENSER:
TILL DONUTDEGEN
- 250g starkt vitt brödmjöl
- 50g strösocker plus 100g för att pudra
- 5 g torkad jäst
- 2 ägg
- 60 g saltat smör, smält
- 2 liter solrosolja

FÖR FYLLNING
- 200 g körsbärssylt
- 100 ml dubbel grädde, vispad

FÖR GLASSEN
- 100g florsocker, siktat
- 2 msk kakaopulver, siktat
- 50 g vanlig choklad
- färska körsbär (valfritt)

INSTRUKTIONER:
a) Häll mjöl, socker, jäst, ägg och 125 ml varmt vatten i en mixer med en degkrok eller paddel och blanda i 5 minuter tills degen är mycket mjuk. Om du inte har en mixer kan du använda en stor skål och knåda för hand (det kan ta upp till 10 minuter).
b) Låt degen vila en minut eller två i mixern eller bunken medan du smälter smöret, starta sedan mixern igen och tillsätt försiktigt det smälta smöret i en tunn stråle. Blanda väl i ytterligare 5 minuter tills degen är blank, smidig och elastisk och lossnar från skålens sidor. Återigen kan detta göras för hand genom att knåda ner smöret i degen.
c) Täck skålen med hushållsfilm och ställ åt sidan på en varm plats för att jäsa i 30 minuter tills den är ungefär dubbelt så stor. När den har jäst, ta bort degen från bunken, lägg den på en lätt mjölad yta och knåda i 2 minuter. Lägg tillbaka degen i bunken och täck med hushållsfilm och ställ in i kylen över natten.
d) Dagen efter tar du ut degen från kylen och skär den i 10 lika stora bitar, knåda var och en lite och forma den till rundlar. Lägg på ett lätt mjölat bakbord med bra avstånd från varandra, täck sedan

igen med lätt oljad hushållsfilm och ställ åt sidan på en varm plats för att jäsa i 1-2 timmar tills den är ungefär dubbelt så stor.

e) Häll oljan i en stor kastrull så att den är ungefär halvfull, värm sedan till 170°C med en termometer, eller när en liten bit bröd blir blekt guld på 30 sekunder.

f) Lägg 100 g strösocker i en skål redo att pudra, lägg sedan försiktigt munkarna i den heta oljan med en hålslev i grupper om 2-3 och stek i 2 minuter på varje sida tills de är gyllenbruna. Ta bort med en hålslev och lägg direkt i skålen med socker, rör om för att täcka och lägg sedan på ett galler.

g) Medan munkarna svalnar lägger du körsbärssylten i den ena spritspåsen och den vispade grädden i den andra och skär ett 1 cm hål i slutet av varje påse.

h) Ta en kyld munk och gör ett litet snitt med en vass kniv på ena sidan, hela vägen till mitten av din munk. Ta nu en tesked och stick in den i hålet tills koppen på skeden når mitten, vrid sedan teskeden 360 grader och dra ut degens mitt; kassera.

i) Ta spritspåsen med sylt och häll cirka 1 matsked sylt i mitten, gör sedan samma sak med grädden, se till att munkarna är fylliga och fyllda. Lägg tillbaka dem på gallret.

j) Lägg glasyringredienserna i en liten skål med 2-3 matskedar vatten och blanda väl tills glasyren är tjock och glansig och täcker baksidan av en tesked. Ringla varje munk med 1 msk av glasyren i ett tätt sicksackmönster.

k) Använd sedan en potatisskalare och raka tunna spån av vanlig choklad från sidan av stången på en tallrik. Använd en tesked och strö spånen på munkarna.

l) Servera med färska körsbär.

26.Körsbärsbiscotti

INGREDIENSER:
- 2 koppar universalmjöl
- 1 kopp socker
- ½ tsk Bakpulver
- ½ tsk salt
- ¼ kopp smör; skär till små bitar
- 1 kopp hela mandlar; grov hacka
- 1 kopp hela kanderade körsbär
- 2 stora ägg; något slagen
- ½ tsk vanilj
- 1 msk mjölk (valfritt)

INSTRUKTIONER:

a) Värm ugnen till 350 grader. Smörj en stor bakplåt.
b) Blanda mjöl, socker, bakpulver och salt i en skål. Skär i smör med en konditormixer tills det bildas grova smulor. Rör ner mandel och körsbär. Rör ner ägg och vanilj tills det är väl blandat. Om blandningen är smulig torr, tillsätt mjölk.
c) Dela blandningen på mitten.
d) På en lätt mjölad yta, med mjölade händer, tryck ihop degen och forma till två 10-tums stockar. Platta till 2-½-tums bredd. Placera stockar på den förberedda bakplåten.
e) Grädda i 350 graders ugn i 30 till 35 minuter. Med två spatlar överför stockarna till gallret för att svalna i 20 minuter.
f) Skär varje stock diagonalt i ¾-tums tjocka skivor med en tandad kniv.
g) Återgå till bakplåten. Grädda i 15 minuter eller tills kakorna är knapriga och fasta att röra vid. Överför till ett galler för att svalna.
h) Förvara i en lufttät behållare i upp till 2 veckor.

27. Toblerone crepes med konjakkörsbär

INGREDIENSER:
- 250 g Philadelphia bredbar färskost
- 100g Toblerone mjölkchoklad, smält och kyld
- 1 paket frysta crepes, tinade
- 425g burk urkärnade körsbär i sirap
- 3 tsk majsmjöl
- 2 msk konjak eller kirsch
- vaniljglass om så önskas

INSTRUKTIONER:
a) Vispa ihop Philly och chokladen tills den är slät och fluffig. Lägg crepesna på ett fat, täck dem med plastfolie
b) Värm i mikrovågsugnen på hög i 30-60 sekunder tills crepesna är genomvärmda. Vik varje crepe på mitten, bred ut var och en av halvorna med chokladkrämen och vik sedan igen så att crepesn delas i fjärdedelar
c) Kombinera lite av körsbärssirapen med majsmjölet för att göra en pasta och lägg sedan till körsbären med konjak. Sjud i en kastrull tills sirapen har tjocknat. Tillåt kylning
d) Lägg 2 crepes på varje serveringsfat och ringla över körsbärssåsen. Servera genast med glass om så önskas.

28.Körsbärscrepes

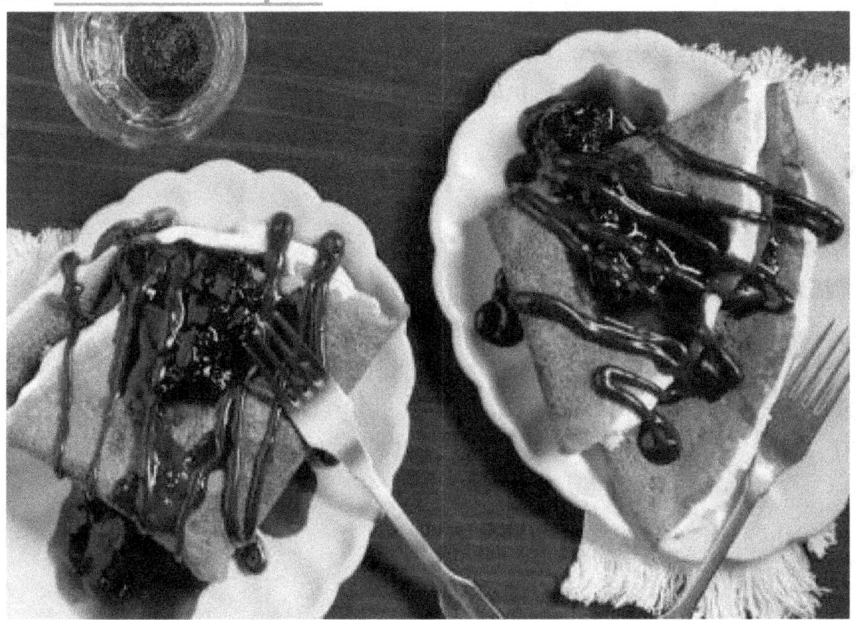

INGREDIENSER:
- Chokladcrepes
- Kirsch eller sherry (valfritt)
- 19 uns körsbärspajfyllning
- ¼ kopp strösocker
- ⅛ tesked Muskotnöt
- Vispgrädde

INSTRUKTIONER:
a) Strö crepes med kirsch eller sherry.
b) Blanda körsbärspajfyllning, socker och muskotnöt.
c) Skeda ca 2 matskedar nära ena sidan av crepen. Rulla.
d) Tillåt 2 per portion. Lägg på en tallrik med kanten nedåt.
e) Toppa med vispad grädde.

29.Körsbärskaffe

INGREDIENSER:
- 6 uns nybryggt kaffe
- 2 msk chokladsirap
- 1 msk Maraschino körsbärsjuice
- Vispgrädde
- Rakad choklad
- Maraschino körsbär

INSTRUKTIONER:
- Kombinera kaffe, chokladsirap och körsbärsjuice i en kopp. Blanda väl.
- Toppa med vispgrädde chokladspån och körsbär eller 2.

30. Cherry Chocolate Buns

INGREDIENSER:
DEG:
- 1 ½ msk aktiv torrjäst
- 1 ¾ koppar helfet kokosmjölk varm men inte varm
- ¾ tesked salt
- 2 ½ msk olja plus mer för att smörja pannan
- ⅔ kopp socker
- 4 ¼ koppar mjöl plus mer för arbetsytan

FYLLNING:
- 2 msk kokosolja
- 2 ½ koppar färska körsbär urkärnade och halverade
- ½ kopp socker
- 1 tsk vaniljextrakt
- nypa kanel valfritt
- ¼ tesked salt
- 1 kopp mejerifria halvsöta chokladchips

GLASYR:
- 2 koppar strösocker
- ⅓ kopp kokosgrädde
- ¼ kopp kakaopulver
- 1 tsk vaniljextrakt
- nypa salt

INSTRUKTIONER:
a) Lös upp jästen i mjölken i en stavmixerskål (eller en stor skål) och låt stå i ca 5 minuter tills den blir bubblig. Rör i socker, olja och salt tills det blandas.
b) Tillsätt mjöl en kopp i taget tills din deg går ihop och börjar dra sig bort från skålens sidor.
c) Täck skålen med en fuktig handduk eller plastfolie och ställ den på en varm plats att jäsa tills den har dubbelt så stor storlek.
d) Gör din fyllning under tiden. Kombinera körsbär, smör, salt och socker i en medelstor kastrull på medelhög värme.
e) Koka upp blandningen mjuk, rör försiktigt och koka i 10-12 minuter tills såsen börjar tjockna tillräckligt för att täcka baksidan av en sked.

f) Ta av från värmen och tillsätt vanilj och kanel, ställ sedan åt sidan. Smörj en 13x9 tums glaspanna och häll upp några skedar av såsen från körsbären i form(ar).
g) Dela degen på mitten och kavla ut ena halvan på en lätt mjölad yta till en rektangel, ungefär ¼ tum tjock. Bred ut ½ av körsbärsfyllningen i ett jämnt lager ovanpå och strö över ½ kopp chokladbitar.
h) Börja från den korta änden, rulla ihop den tills du har en sorts stock.
i) Använd sedan en vass kniv, skär i 6 (eller 7 spiraler om du använder en rund panna) och lägg i den förberedda pannan (spiralen uppåt). Upprepa med ytterligare en halva av degen tills du har 12 rullar. Täck formarna och låt dem jäsa medan ugnen förvärms.
j) Värm ugnen till 350 grader F (175 C). Grädda i 30-40 minuter tills kanterna börjar få färg. Ta ut formen/formarna från ugnen och låt dem svalna i cirka 5 minuter innan servering.
k) För glasyren, vispa ihop ingredienserna i en medelstor skål tills den är tjock och slät. Servera ovanpå varma bullar.

SNACKS

31. Körsbärsfyllda chokladtryffel

INGREDIENSER:
- 8 uns mörk choklad, hackad
- ½ kopp tung grädde
- 12 maraschino körsbär, avrunna och torkade
- Kakaopulver för att pudra

INSTRUKTIONER:
a) Värm den tunga grädden tills den är varm men inte kokar.
b) Häll över den hackade chokladen och rör tills den är slät.
c) Lägg ett maraschino-körsbär inuti varje tryffel.
d) Forma till bollar, rulla i kakaopulver och ställ i kylen tills de stelnat

32.Körsbärsbarer

INGREDIENSER:
- 3 21-ounce burkar med körsbärspajfyllning, delade
- 18-½ uns förp. chokladkaka mix
- ¼ c. olja
- 3 ägg, vispade
- ¼ c. konjak eller körsbärsjuice med körsbärssmak
- 6 uns förp. halvsöta chokladchips
- Valfritt: vispad topping

INSTRUKTIONER:

a) Kyl 2 burkar pajfyllning tills den är kall. Använd en elektrisk mixer på låg hastighet och vispa ihop den återstående burken med pajfyllning, torr kakmix, olja, ägg och konjak- eller körsbärsjuice tills den är väl blandad.

b) Rör ner chokladbitar.

c) Häll smeten i en lätt smord 13"x 9" bakform. Grädda vid 350 grader i 25 till 30 minuter, tills en tandpetare testar ren; kyla. För servering, fördela kyld pajfyllning jämnt över toppen.

d) Skär i barer och servera med vispad topping, om så önskas. Serverar 10 till 12.

33. Cherry Malt Bliss Cupcakes

INGREDIENSER:
CUPCAKES:
- 3 ½ koppar universalmjöl
- 1 ¼ koppar superfint strösocker
- 3 tsk bakpulver
- ½ tsk fint salt
- ½ kopp osaltat smör, mjukat
- 2 stora ägg
- ¾ kopp helmjölk
- ⅔ kopp körsbärsjuice från konserverade körsbär
- ½ kopp vegetabilisk olja
- 2 msk grekisk yoghurt eller gräddfil
- 1 tsk vaniljextrakt eller vaniljstångspasta
- 250 g konserverade körsbär
- Chokladsås
- Maraschino körsbär
- 2 droppar rosa matgelé
- 1 droppe lila matgelé
- ½ tesked körsbärsbrännvinsessens
- 4 matskedar maltpulver

GLASYR:
- 1 sats Fluffy Vanilla Buttercream frosting
- 2 droppar lila matfärgämne
- ½ tesked körsbärsbrännvinsessens

INSTRUKTIONER:
CUPCAKES:
a) Värm ugnen till 160°C (320°F) eller 180°C (356°F) för en vanlig ugn. Klä en cupcakesform med cupcakeliners.
b) Kombinera de torra ingredienserna (mjöl, strösocker, bakpulver och salt) i skålen på en stavmixer utrustad med paddeltillbehör och blanda på låg hastighet.
c) I en separat stor kanna, vispa ihop körsbärsjuice, mjölk, ägg, yoghurt, olja och vaniljextrakt tills det är väl blandat.

d) Tillsätt gradvis de våta ingredienserna till de torra ingredienserna i en långsam och jämn ström medan du blandar tills inga torra ingredienser syns. Skrapa ner skålen.
e) Tillsätt körsbärsbrännvinsessens, rosa och lila matfärgämne och maltpulver i smeten och blanda i ytterligare 20 sekunder.
f) Lägg 4 körsbär på botten av varje cupcakesfodral, häll sedan smeten i foderformarna, fyll dem ungefär ¾ av vägen.
g) Grädda i 20-25 minuter eller tills en tandpetare som sticks in i mitten kommer ut ren. Låt cupcakes svalna helt på galler innan de frostas.

GLASYR:
h) Förbered en sats av Fluffy Vanilla Buttercream frosting.
i) Tillsätt både matfärger och körsbärsbrännvinsessens till frostingen och blanda tills det är väl blandat.

HOPSÄTTNING:
j) Passa änden av en spritspåse med en öppen stjärnspets och frosta varje cupcake i en virvel.
k) Ringla chokladsås över frostingen.
l) Frosta ytterligare en virvel ovanpå med en rörspets.
m) Toppa varje cupcake med ett maraschino-körsbär.

34. Cherry Pinwheel Shortcakes

INGREDIENSER:
- 2 koppar universalmjöl
- ¼ kopp strösocker
- 1 msk bakpulver
- ½ tsk salt
- ½ kopp kallt osaltat smör, tärnat
- ½ kopp mjölk
- 2 dl färska körsbär, urkärnade och halverade
- ¼ kopp strösocker (för körsbär)
- Vispad grädde eller vaniljglass, till servering

INSTRUKTIONER:
a) Värm ugnen till 425°F (220°C).
b) I en stor skål, vispa ihop mjöl, socker, bakpulver och salt.
c) Tillsätt det kalla smöret i mjölblandningen och skär i det med en konditor eller fingrarna tills blandningen liknar grova smulor.
d) Häll i mjölken och rör tills degen går ihop.
e) Vänd ut degen på en lätt mjölad yta och knåda den försiktigt några gånger. Rulla degen till en rektangelform, cirka ¼ tum tjock.
f) I en skål, släng körsbären med ¼ kopp socker tills de är täckta.
g) Fördela körsbären jämnt över degen. Rulla degen hårt, börja från en av de långa kanterna, för att skapa en pinwheel-form.
h) Skär den kavlade degen i individuella mördegskakor och lägg dem på en plåt klädd med bakplåtspapper.
i) Grädda i 12-15 minuter eller tills de är gyllenbruna och körsbären är bubbliga.
j) Låt kakorna svalna något innan servering. Servera med vispgrädde eller vaniljglass.

35.Körsbärsquinoa bar

INGREDIENSER:
- Nonstick matlagningsspray
- 2 msk snabbkokt havre
- 2 msk kokt quinoa
- 2 msk finhackade pistagenötter
- 2 msk sötade torkade körsbär
- 2 matskedar vegetabilisk olja
- 2 matskedar honung
- ¼ tesked kosher salt

INSTRUKTIONER:
a) Spraya insidan av en 12-ounce mugg med matlagningsspray.
b) Rör ihop alla ingredienser i en skål och häll sedan i muggen.
c) Täck över och mikrovågsugn tills havren är kokt, ca 3 minuter.
d) Häll den varma blandningen på en bit pergament, forma den till en rektangulär eller smal traditionell bar.
e) Kyl tills den är kall och fast, 30 minuter eller mer.

36. Mörk choklad körsbärskluster

INGREDIENSER:
- 1 kopp krämigt nötsmör (t.ex. mandelsmör, cashewsmör)
- ¼ kopp honung eller lönnsirap
- ¼ kopp smält kokosolja
- 2 koppar havregryn
- ½ kopp torkade körsbär
- ½ kopp mörk chokladchips

INSTRUKTIONER:
a) I en mixerskål, kombinera nötsmör, honung (eller lönnsirap) och smält kokosolja tills det är väl blandat.
b) Rör ner havregryn, torkade körsbär och mörk chokladchips.
c) Lägg skedar av blandningen på en bakplåtspappersklädd plåt eller i minimuffinsformar.
d) Ställ i kylen i minst 1 timme för att stelna.

37.Körsbärsrombollar

INGREDIENSER:
- 2 dl krossade vaniljrånkakor
- 1 kopp strösocker
- 1 dl hackade valnötter
- 1 dl torkade körsbär, hackade
- 2 matskedar kakaopulver
- ¼ kopp rom
- 2 msk ljus majssirap
- Ytterligare strösocker för rullning

INSTRUKTIONER:

a) I en stor blandningsskål, kombinera krossade vaniljrånkakor, strösocker, hackade valnötter, torkade körsbär och kakaopulver.
b) Tillsätt rom och lätt majssirap till blandningen och rör om väl tills allt är ordentligt blandat.
c) Ta små portioner av blandningen och rulla dem till 1-tums bollar med händerna.
d) Rulla bollarna i strösocker för att täcka dem jämnt.
e) Lägg rombollarna på en bakplåtspappersklädd plåt.
f) Kyl rombollarna i minst 2 timmar eller tills de är fasta.
g) När de är kylda och stelnade överför du rombollarna till en lufttät behållare för förvaring. De kan förvaras i kylen i upp till 2 veckor.

38. Mörk choklad täckta körsbär

INGREDIENSER:
- 40 uns maraschino körsbär med stjälkar, avrunna
- 1 ¾ koppar kryddad rom mer eller mindre för att täcka körsbären
- 1 ½ dl mörk choklad
- 1 tsk matfett valfritt, kanske inte behövs
- ½ dl slipsocker

INSTRUKTIONER:
a) Låt körsbären rinna av, spara juicen för ett annat ändamål. Det kommer inte att användas i det här receptet men är bra för cocktails och mer.
b) Placera körsbären i en kvartsstor masonburk eller annan behållare. Täck helt med kryddad rom. Förslut och kyl i minst 24 timmar, upp till 72 timmar. Ju längre körsbären sitter i rommen, desto starkare smakar de.
c) Låt sedan de romindränkta körsbären rinna av. Behåll denna körsbärsinfunderade rom. Det är SÅ bra för cocktails. Lägg körsbären på lager av hushållspapper i 10 minuter. Detta steg säkerställer att chokladöverdraget kommer att fästa vid frukten.
d) Klä en bricka eller tallrik med bakplåtspapper. Lägg dekorationssockret i en grund form eller skål.
e) Smält den mörka chokladen enligt anvisningarna på förpackningen. Använd en liten skål som är tillräckligt djup för att doppa körsbären i.
f) Om chokladen är för tjock, rör i ungefär en tesked matfett tills den smält och chokladen är slät.
g) Medan chokladen är varm, doppa körsbären en i taget. Doppa först i chokladen och sedan i sockret.
h) Lägg de doppade körsbären på det förberedda pergamentet. När du är klar med att doppa alla körsbär, kyl tills de stelnat.

39. Körsbärsomsättningar

INGREDIENSER:
- 17¼ uns paket fryst smördeg tinat
- 21-ounce burk körsbärspajfyllning, avrunnen
- 1 kopp strösocker
- 2 matskedar vatten

INSTRUKTIONER:
a) Separera smördegsark och skär var och en i 4 rutor.
b) Fördela pajfyllningen jämnt mellan rutor.
c) Pensla bakelsekanterna med vatten och vik på mitten diagonalt.
d) Försegla och krympa kanterna med en gaffel. Med en kniv gör du en liten skåra i toppen av omsättningarna för att ventilera.
e) Grädda på en osmord plåt i 400 grader i 15 till 18 minuter, tills den är puffad och gyllene. Låt svalna något.
f) Blanda strösocker och vatten; ringla över varma omsättningar.

40. Romkörsbärsfritter

INGREDIENSER:
- ½ kopp universalmjöl
- 2 msk Konditorsocker
- ¼ tesked salt
- 1 pund körsbär med stjälkar
- Florsocker
- 2 ägg; separerat
- 2 matskedar rom
- ½ kopp klarnat smör
- ½ kopp vegetabilisk olja

INSTRUKTIONER:
a) Blanda mjöl, äggulor, 2 msk konditorsocker, rom och salt i en medelstor skål för att bilda en slät smet.
b) Täck över och låt stå i 1 till 2 timmar.
c) Vispa äggvitorna tills de är stela och vänd ner dem i smeten.
d) Värm smör och vegetabilisk olja i en stor stekpanna till 360 grader F., vrid sedan värmen till låg.
e) Doppa körsbären i smeten och ställ upp dem i den heta oljan
f) Stek i 3 minuter, eller tills de är gyllenbruna
g) Ta bort körsbären.
h) Doppa dem i konditorsockret och servera.

41. Körsbärspopcorn

INGREDIENSER:
- 2½ fjärdedels luftpoppade popcorn Spray med smörsmak
- 1 paket körsbärssmaksatt gelatin

INSTRUKTIONER:
a) Lägg popcorn i en mycket stor skål och spraya lätt med olja med smörsmak.
b) Strö över gelatin. Sätt in i 350 graders ugn i fem minuter.
c) Gelatinet löses upp något och fastnar på popcornen.

42. Cherry Trail Mix

INGREDIENSER:
- 1 dl mörk chokladchips
- 1 dl torkade tranbär
- 1 kopp torkade körsbär
- 1 kopp rostade saltade jordnötter
- 1 kopp hel saltad mandel
- 1 dl saltade rostade cashewnötter hela, inte i bitar
- 1 dl hasselnötter även kallade filberts

INSTRUKTIONER:
a) I en stor mixerskål, kombinera alla ingredienser och rör om tills det är jämnt blandat.
b) Förvara trailmix i en lufttät behållare i upp till en månad.

43. Cherry Cream Puffs

INGREDIENSER:

- ½ kopp mjölk
- ½ kopp vatten
- ½ kopp smör
- 1 kopp universalmjöl
- 5 ägg
- 5 koppar frysta, osötade, urkärnade, syrliga röda körsbär, tinade
- Vatten
- 1 kopp socker
- ¼ kopp majsstärkelse
- ¼ kopp kirsch (svart körsbärslikör) eller apelsinjuice
- 3 droppar röd matfärg
- 1 msk vanilj
- 2 uns halvsöt choklad, smält och kyld
- 1 dl vispgrädde, vispad

INSTRUKTIONER:

a) För gräddpuffar, kombinera mjölk, vatten och smör i en medelst kastrull. Koka upp. Tillsätt allsidigt mjöl på en gång, rör kraftig Koka och rör om tills blandningen bildar en boll som inte separera Ta kastrullen från värmen. Kyl gräddblandningen i 5 minute Tillsätt ägg, ett i taget, vispa med en träslev efter varje tillsats ti det är slätt.

b) Släpp degen genom att råga matskedar på en smord bakplåt fö totalt 12 gräddpuffar.

c) Grädda i en ugn på 400 grader i cirka 30 minuter eller tills de ä gyllene. Kyl puffarna på galler. Dela puffar och ta bort eventue mjuk deg från insidan.

d) Under tiden, för körsbärsfyllningen, placera tinade körsbär i en s över en 2-kopps måttbägare; rinna av körsbären, spar körsbärsjuice. Tillsätt tillräckligt med vatten till reservera körsbärsjuice för att göra 2 koppar vätska; ställ körsbären åt sidar

e) I en stor kastrull, rör ihop socker och majsstärkelse. Rör ne körsbärsjuiceblandningen, kirsch och röd matfärg. Koka och rö om på medelvärme tills det tjocknar och bubblar. Koka och rör or i ytterligare 2 minuter. Avlägsna från värme; rör ner vanilj oc körsbär. Täck över och ställ i kylen i cirka 2 timmar eller tills den ä ordentligt kyld.

f) För att montera, sked körsbärsfyllning inuti puffar. Ringla puffa med smält choklad. Servera med vispad grädde.

44. Cherry Brownie Bites

INGREDIENSER:
- ½ kopp osaltat smör
- 3 uns halvsöt choklad, hackad
- 1 kopp strösocker
- ¼ kopp kakaopulver
- 2 ägg
- 1 tsk vaniljextrakt
- ½ kopp universalmjöl
- ½ tsk salt
- ¾ kopp körsbärspajfyllning
- ⅓ kopp 35 % vispgrädde
- 2 msk florsocker

INSTRUKTIONER:
a) Värm ugnen till 350°F (180°C).
b) Smörj en 24-mini muffinsform och pudra med kakaopulver, avsätta.
c) Smält smör och choklad i en värmesäker skål över knappt sjudande vatten, rör om då och då. Avlägsna från värme. Rör ner socker och kakaopulver. Kyl något.
d) Rör ner äggen i chokladblandningen, ett i taget, tills det är väl blandat. Rör ner vanilj. Vispa mjöl och salt i en separat skål tills de blandas. Rör ner i chokladblandningen.
e) Sked jämnt i den förberedda pannan. Grädda i 18 till 20 minuter eller tills bara några fuktiga smulor fastnar på en tandpetare när den sätts in i mitten av brownien.
f) Låt svalna helt i pannan. Ta bort från pannan. När du är klar att servera, vispa grädde och florsocker med elvisp tills det håller styva toppar. Toppa varje jämnt med vispad grädde och resterande körsbärspajfyllning. Servera omedelbart.

45. Körsbärsvin ris krispiga godsaker

INGREDIENSER:
- 3 matskedar smör
- 4 koppar mini-marshmallows
- ½ kopp Pennsylvania körsbärsvin
- 5 koppar puffade risflingor
- ½ kopp hackade torkade körsbär
- ¼ kopp halvsöt chokladchips

INSTRUKTIONER:

a) Klä en plåt med bakplåtspapper. Spraya med matolja.
b) I en medelstor kastrull på medelvärme, smält smör. Tillsätt marshmallows och rör om tills den smält.
c) Ta av från värmen och tillsätt vin och flingor. Blanda tills det precis blandat sig och marshmallowen är fördelad.
d) Tillsätt torkade körsbär och chokladchips och blanda tills det är helt införlivat. Häll i en förberedd plåt, täck med bakplåtspapper och kyl. Skiva och servera.

46. Körsbärsenergibollar

INGREDIENSER:
- 200 g urkärnade dadlar
- 1 kopp mald mandel
- ¾ kopp torkad kokos
- ½ kopp havregryn
- 2 matskedar kakaopulver
- 2 msk kokosolja
- 1 msk lönnsirap
- 20g hela frystorkade körsbär, smulade

INSTRUKTIONER:

a) Koka upp en full vattenkokare

b) Lägg dadlar i en medelhög värmesäker skål och täck med kokande vatten. Låt stå i cirka 10 minuter, tills den börjar mjukna. Dränera väl.

c) Kombinera mald mandel, torkad kokosnöt, havregryn och kakaopulver i en mixer med blötlagda dadlar, kokosolja och lönnsirap. Mixa i 2-3 minuter tills det är slätt.

d) Rulla blandningen till matskedsstora bollar med rena fuktiga händer och lägg på en tallrik/bricka. Ställ in i kylen i ca 30 minuter för att stelna.

e) Använd rena, torra händer och smula frystorkade körsbär på en tallrik. Rulla lätt energikulor i körsbärssmulan.

47.Körsbärskakor

INGREDIENSER:

- 2 ¼ koppar universalmjöl
- ½ kopp holländsk process kakaopulver
- ½ tsk Bakpulver
- ½ tesked bakpulver
- 1 tsk salt
- 1 kopp osaltat smör smält och kylt
- ¾ kopp Farinsocker packat ljust eller mörkt
- ¾ kopp vitt strösocker
- 1 tsk rent vaniljextrakt
- 2 stora ägg i rumstemperatur
- 1 kopp vita chokladchips
- ½ kopp halvsöta chokladchips
- 1 kopp färska körsbär Tvättade, urkärnade och skurna i fjärdedelar

INSTRUKTIONER:

a) Smält smöret i mikron och låt svalna i 10-15 minuter tills det är rumstempererat. Förbered körsbären och skär dem i mindre bitar.
b) 1 kopp osaltat smör, 1 kopp färska körsbär
c) Värm ugnen till 350°F. Klä två bakplåtar med bakplåtspapper. Avsätta.
d) Blanda mjöl, kakaopulver, bakpulver, bakpulver och salt i en medelstor skål. Avsätta.
e) 2 ¼ koppar universalmjöl, ½ kopp osötat kakaopulver, ½ tsk Bakpulver, ½ tsk Bakpulver, 1 tsk Salt
f) I en stor skål, tillsätt smält smör, farinsocker, socker, vanilj och ägg. Använd en gummispatel för att blanda tills den är slät.
g) 1 kopp osaltat smör,¾ kopp farinsocker,¾ kopp vitt strösocker,1 tesked rent vaniljextrakt,2 stora ägg
h) Tillsätt de torra ingredienserna och blanda tills det blandas. Det blir en mjuk deg. Tillsätt de vita chokladchipsen, chokladchipsen och färska körsbär.
i) 1 kopp vita chokladchips, ½ kopp halvsöta chokladchips, 1 kopp färska körsbär
j) Använd en stor cookie-scoop (3-ounce cookie-scoop) för att skopa degen. Placera 6 kakdegsbollar per plåt.
k) Grädda en plåt i taget. Grädda i 13-15 minuter. Medan den är varm, toppa med extra chokladchips och vita chokladchips.
l) Låt kakan stå på den heta pannan i 10 minuter. Överför sedan till ett kylställ för att svalna.

48.Körsbärsvin ris krispiga godsaker

INGREDIENSER:
- 3 matskedar smör
- 4 koppar mini-marshmallows
- ½ kopp Pennsylvania körsbärsvin
- 5 koppar puffade risflingor
- ½ kopp hackade torkade körsbär
- ¼ kopp halvsöt chokladchips

INSTRUKTIONER:
a) Klä en plåt med bakplåtspapper. Spraya med matolja.
b) I en medelstor kastrull på medelvärme, smält smör. Tillsätt marshmallows och rör om tills den smält.
c) Ta av från värmen och tillsätt vin och flingor. Blanda tills det precis blandat sig och marshmallowen är fördelad.
d) Tillsätt torkade körsbär och chokladchips och blanda tills det är helt införlivat. Häll i en förberedd plåt, täck med bakplåtspapper och kyl. Skiva och servera.

EFTERRÄTT

49. Cherry Cheesecake med en Red Mirror Glaze

INGREDIENSER:
FÖR OSTKAKA:
- 150 g körsbär, urkärnade, plus ett extra hela körsbär till garnering
- Saften av ½ citron
- 150 g strösocker
- 300g vit choklad, delad i bitar
- 600g Philadelphia färskost, i rumstemperatur
- 300ml dubbelkräm, i rumstemperatur
- 1 tsk vaniljextrakt

FÖR BASEN:
- 75 g osaltat smör, smält, plus extra för smörjning
- 175 g digestivekex

FÖR GLASYREN:
- 4 blad gelatin av platinakvalitet (Dr. Oetker)
- 225 g strösocker
- 175 ml dubbelkräm
- 100g vit choklad, finhackad
- 1 tsk röd matfärgsgel

INSTRUKTIONER:
FÖRBEREDAR OSTKAKA:
a) Smörj botten och sidorna lätt på en 20 cm springform. Klipp loss botten och lägg en 30 cm bred cirkel av bakplåtspapper över den.
b) Sätt tillbaka den fodrade basen i formen, se till att överflödigt papper hänger över under för enkel servering. Klä sidorna med en remsa bakplåtspapper.
c) Kombinera körsbär, citronsaft och 75 g strösocker i en matberedare.
d) Mixa tills det är ganska slätt. Överför blandningen till en medelstor kastrull, låt koka upp, sänk sedan värmen och låt sjuda i 4-5 minuter tills den är tjock och sirap. Låt den svalna helt.

SKAPA BASEN:
e) Krossa digestivekexen i en ren skål i matberedaren tills de liknar fina ströbröd. Lägg över i en mixerskål och blanda i det smälta smöret.
f) Tryck ut blandningen i den förberedda formen för att skapa en fast, jämn bas. Kyl i minst 20 minuter.

FÖRBEREDAR CHEESECKE-FYLLNING:
g) Smält den vita chokladen i en värmesäker skål över sjudande vatten. Ställ åt sidan för att svalna till rumstemperatur medan den fortfarande går att hälla.
h) Vispa färskosten i en stor bunke tills den är slät. Tillsätt grädden, resterande strösocker och vaniljextrakt. Vispa tills det tjocknat något. Vänd ner den avsvalnade vita chokladen.
i) Häll hälften av färskostblandningen över den kylda basen. Skeda körsbärssylten över och virvla ner den i fyllningen med ett spett. Häll den återstående färskostblandningen över sylten, se till att toppen är slät. Knacka på plåten för att ta bort luftbubblor och låt stå i kylen i minst 4 timmar tills den stelnat.

ATT GLASA SPEGEL:
j) Blötlägg gelatinbladen i en skål med kallt vatten i några minuter.
k) Blanda socker och 120 ml nykokt vatten i en kastrull. Värm över svag värme, rör om tills sockret lösts upp. Koka upp och låt sjuda i 2 minuter. Rör ner grädden och låt sjuda i ytterligare 2 minuter. Ta

bort från värmen, pressa överflödigt vatten från de blötlagd gelatinbladen och tillsätt dem till grädden, rör om tills de löts upp

l) Låt gräddblandningen svalna i 4-5 minuter. Rör ner den vit chokladen. Tillsätt den röda matfärgsgelen och blanda tills den ä väl inkorporerad.

m) Sila glasyren genom en sil till en stor skål. Låt den svalna i 15-2 minuter tills den har rumstemperatur, rör om då och då för at förhindra hudbildning. Glasyren ska ha en konsistens son dubbelkräm.

GLASERA OSTKAKA:

n) Ta försiktigt bort cheesecaken ur formen, dra bor bakplåtspappret och lägg den på ett galler med en plåt under. Kö en varm palettkniv över ytan för att jämna till den, häll sedan tv tredjedelar av den kylda glasyren över den så att den täcker helt Kyl i 10 minuter för att stelna.

o) Om det behövs, värm den återstående glasyren och sikta den ige innan du applicerar ett andra lager på cheesecaken. Toppa med et körsbär och ställ i kylen i 5-10 minuter tills det stelnat. Server direkt från gallret eller överför till ett fat med en palettkniv elle tårtlyftare. Njut av!

50.Körsbärshasselnötscrunchpaj

INGREDIENSER:
- ½ förpackning (10 uns) pajskalsblandning
- ¼ kopp packat ljust farinsocker
- ¾ kopp Rostade hasselnötter, hackade
- 1-ounce halvsöt choklad riven
- 4 teskedar vatten
- 1 tsk vanilj
- 8 uns Röda maraschino körsbär
- 2 tsk majsstärkelse
- ¼ kopp vatten
- 1 skvätt salt
- 1 matsked Kirsch (valfritt)
- 1 liter vaniljglass

INSTRUKTIONER:
a) Kombinera (½ paket) pajskalsblandning med socker, nötter oc choklad med hjälp av en konditorivaror. Blanda vatten med vani
b) Strö över smulblandningen och blanda tills det är väl blanda Förvandla till en välsmord 9-tums pajplatta; tryck blandninge ordentligt mot botten och sidan.
c) Grädda i 375 graders ugn i 15 minuter. Kyl på galler.
d) Täck över och låt stå i flera timmar eller över natten. Häll a körsbär, spara sirap. Hacka körsbär grovt.
e) Blanda sirap med majsstärkelse, ¼ kopp vatten och salt i e kastrull; tillsätt körsbär. Koka på låg tills den är klar. Ta bort frå värmen och kyl ordentligt.
f) Tillsätt Kirsch och kyl. Häll glass i pajskalet. Häll körsbärsglasyr öve pajen och servera genast.

51. Körsbärs-, Rabarber- och Melonsallad

INGREDIENSER:
- 400 gram rabarber, skuren i bitar
- 150 ml strösocker
- 150 ml vitt vin
- 500 gram melon av olika slag, formade till bollar
- 200g färska körsbär, halverade, stenarna borttagna
- 120 g hallon
- Färska myntablad
- Citronstänger (för servering)

INSTRUKTIONER:
a) I en kastrull, kombinera rabarberbitarna med strösocker och vit vin. Värm blandningen på låg värme, låt rabarbern mjukna oc smälta.
b) Ta kastrullen från värmen och låt rabarberblandningen svalna. Ky den i kylen.
c) Medan rabarberblandningen svalnar, förbered melonen genor att forma den till bollar eller skära den i lagom stora bitar.
d) När rabarberblandningen har svalnat, tillsätt den förberedd melonen, hallonen, körsbären och finhackade myntabladen kastrullen.
e) Blanda försiktigt allt.
f) Sätt tillbaka salladen i kylen och låt den stå kallt i ett par timmar låt smakerna smälta.
g) När du ska servera, dela salladen i små skålar och garnera varj portion med färska myntablad.
h) Servera rabarber- och melonsalladen med citronstänger vid sida om för en uppfriskande touch.
i) Njut av denna härliga och uppfriskande rabarber- och melonsallad

52. Amaretto-glass av körsbär och blåbär

INGREDIENSER:

- 2 matskedar socker
- 2 matskedar Amaretto
- 2 ½ koppar färska Bing-körsbär, urkärnade
- ½ kopp färska blåbär
- 2 matskedar majsstärkelse
- 2 koppar halv-och-halva, uppdelade
- ⅔ kopp socker
- 1 matsked Amaretto
- ¼ tesked salt

INSTRUKTIONER:

a) Kombinera socker, Amaretto, körsbär och blåbär i en medelstor skål. Låt stå i 30-45 minuter, rör om då och då. Tillsätt frukt med juice i en medelstor kastrull och koka på medelvärme, rör om ofta, tills den mjuknat, cirka 15 minuter. Låt frukten svalna något, lägg sedan i en matberedare och puré tills den nästan är slät och lämnar lite konsistens. Lägg åt sidan ⅓ kopp fruktblandning för att snurra till glass, häll tillbaka resterande fruktblandning i kastrullen.

b) Vispa ihop majsstärkelse och 3 matskedar halv-och-halva i en liter skål; avsätta. Tillsätt återstående halv-och-halva, socker, Amaretto och salt i en kastrull med fruktblandning; koka upp på medelhög värme under konstant vispning. Vispa i majsstärkelseblandningen. Återgå till en koka och koka i 1 till 2 minuter till, rör om tills det tjocknat. Ta bort från värmen och svalna till rumstemperatur, täck sedan över och kyl 6 timmar i kylen.

c) Häll den kylda glassblandningen i den frysta cylindern på glassmaskinen; frys enligt tillverkarens anvisningar. Häll hälften av glassblandningen i en fryssäker behållare, toppa med klickar av fruktblandningen och upprepa. Virvla ihop lager med ett träspett. Frys blandningen över natten tills den är fast.

53. Cherry mjölksmula

INGREDIENSER:
- 1 portion Mjölksmula
- ½ kopp frystorkat körsbärspulver
- ¼ kopp frystorkat blåbärspulver
- 0½ g kosher salt [⅛ tesked]

INSTRUKTIONER:
a) Kasta mjölksmulorna med bärpulvret och saltet i en medelstor sk tills alla smulor är jämnt spräckliga röda och blå och täckta me bärpulvret.
b) Smulorna kan förvaras i en lufttät behållare i kylen eller frysen upp till 1 månad.

54.Körsbärsparfait

INGREDIENSER:

- 3 uns Neufchatel färskost
- 2 dl kall skummjölk
- 3 uns paket med Jell-O sockerfri instant chokladpudding
- 1 msk majsstärkelse
- ⅓ kopp körsbärsjuice
- 1 burk Röda sura urkärnade körsbär
- 1 pund vatten
- 6 förpackningar Lika sötningsmedel

INSTRUKTIONER:

a) Mixa färskost med ¼ kopp mjölk på låg hastighet i en elektrisk mixer, tills den är slät. Tillsätt resterande mjölk och puddingmix. Blanda i 1 eller 2 minuter eller tills det är slätt.
b) Blanda majsstärkelse i körsbärsjuice tills det löst sig. Lägg till körsbär och koka tills det kokar i 1 minut.
c) Ta av från värmen och rör ner Equal.
d) Skeda omväxlande pudding och körsbär i parfaiträtter, avsluta med pudding. Garnera med 2 körsbär.

55. Cherry Cream Dacquoise

INGREDIENSER:
FÖR DACQUOISEN:
- 180 g (1½ dl) florsocker
- 160 g (1⅔ koppar) mandelmjöl
- 6 stora äggvitor
- En nypa salt
- ½ tsk grädde av tandsten
- 60 g (¼ kopp) strösocker

FÖR FYLLNING:
- 200 g (6 ounces) färska eller frysta och tinade, urkärnade mörka körsbär
- 120 g (½ kopp) strösocker
- ¾ kopp vatten
- 1 tsk citronsaft
- 500 ml (2 koppar) dubbelkräm

FÖR TOPPEN:
- 30 g (1 ounce) mörk choklad
- Florsocker

INSTRUKTIONER:

a) Gör först dacquoise: Värm ugnen till 130°C (fläkt om möjligt)/250°F/gas ½. Smörj undersidan av din största bakplåt och fäst en plåt med bakplåtspapper på den.

b) Rita tre cirklar, vardera 20 cm i diameter, på pergamentet. Du kan också använda färdigskurna pergamentrundor. Om tre cirklar inte passar, använd två brickor.

c) Rör ihop florsockret och mandelmjölet i en skål. Vispa äggvitorna med en nypa salt tills det skummar, tillsätt grädden av tartar och vispa till mjuka toppar. Tillsätt strösockret i tre eller fyra portioner vispa hela tiden, tills du har en mjuk maräng.

d) Häll mandelsockerblandningen över marängen och vänd ner den med en spatel. Överför blandningen i en spritspåse med ett stort vanligt munstycke eller till en fryspåse och skär ett 1½ cm hörn.

e) Sprid blandningen på de markerade cirklarna, börja från mitten av varje i en spiralform. För över till ugnen och grädda i 1 timme och 30 minuter. Om du har två plåtar, byt dem runt halvvägs för att säkerställa jämn bakning. Stäng av ugnen och låt dacquoise stå inne i ytterligare 1 timme och 30 minuter eller över natten. Skala av pergamentet.

f) Medan dacquoisarna bakas, förbered körsbären: Lägg dem i en stor kastrull med socker, vatten och citronsaft och låt koka upp. Låt dem koka kraftigt i 30 minuter; rör om försiktigt i slutet av tillagningen för att kontrollera om körsbären inte fastnar i botten. Ta kastrullen från värmen och svalna.

g) Vispa grädden till mjuka toppar. Vik ner körsbären, silade med en hålslev, spara flera för dekoration (sirapen kan användas i drinkar eller över glass).

h) Lägg en dacquoise-skiva på ett tårtfat eller ställ med platta sidan nedåt.

i) Bred hälften av körsbärsgrädden över och täck med en annan skiva, med platta sidan uppåt.

j) Bred resterande kräm över och täck den med den sista skivan (reservera den snyggaste för detta). Pudra över florsocker och dekorera med körsbär.

k) Smält den mörka chokladen i bain-marie eller mikrovågsugn på låg effekt. Ringla den över toppen av kakan med en gaffel.

l) Ställ in i kylen i minst 2 timmar innan servering så krämen mjukar upp dacquoise lite.

m) Den håller sig 2-3 dagar i kylen, men dacquoise-lagren mjuknar ytterligare.

56. Cappuccino Blueberry Crisp

INGREDIENSER:
- 4 koppar färska eller frysta blåbär
- 2 matskedar snabbkaffegranulat
- ½ kopp strösocker
- 1 dl gammaldags havre
- ½ kopp universalmjöl
- ½ kopp packat farinsocker
- ½ kopp osaltat smör, kallt och i tärningar
- ½ tsk mald kanel
- En nypa salt

INSTRUKTIONER:
a) Värm ugnen till 175 °C och smörj en 9x9-tums ugnsform.
b) Lös upp snabbkaffegranulatet i 2 matskedar varmt vatten och ställ åt sidan.
c) Kombinera blåbären och den lösta kaffeblandningen i en stor skål. Kasta till beläggning.
d) Blanda strösocker, mald kanel och en nypa salt i en separat skål. Strö denna blandning över blåbären och rör om för att täcka.
e) Överför blåbärsblandningen till den förberedda ugnsformen.
f) I en skål kombinerar du gammaldags havre, allroundmjöl, farinsocker och kallt smör i tärningar. Blanda till smuligt.
g) Strö havreblandningen jämnt över blåbären.
h) Grädda i 35-40 minuter eller tills toppingen är gyllenbrun och blåbären bubblar.
i) Låt den svalna något innan servering. Njut av din cappuccino blueberry crisp!

57.Cherry Bavarois

INGREDIENSER:
- 1 dl mörk choklad, smält
- ½ dl körsbärssylt
- 2 tsk gelatin
- 3 matskedar kallt vatten
- 2 dl tung grädde, vispad
- Vispad grädde och maraschino körsbär till garnering

INSTRUKTIONER:
a) Lös upp gelatinet i kallt vatten och låt det blomma i några minuter.
b) Blanda smält mörk choklad och körsbärssylt i en kastrull. Värm på låg värme tills det är väl blandat.
c) Rör ner det upplösta gelatinet i choklad-körsbärsblandningen.
d) Låt blandningen svalna till rumstemperatur.
e) Vänd försiktigt ner den vispade grädden.
f) Häll hälften av choklad-körsbärsblandningen i portionsglas eller formar.
g) Tillsätt en klick vispad grädde och en maraschino körsbär.
h) Toppa med den återstående choklad-körsbärsblandningen.
i) Ställ i kylen i minst 4 timmar eller tills den stelnat.

58.Körsbär upp och ner tårta

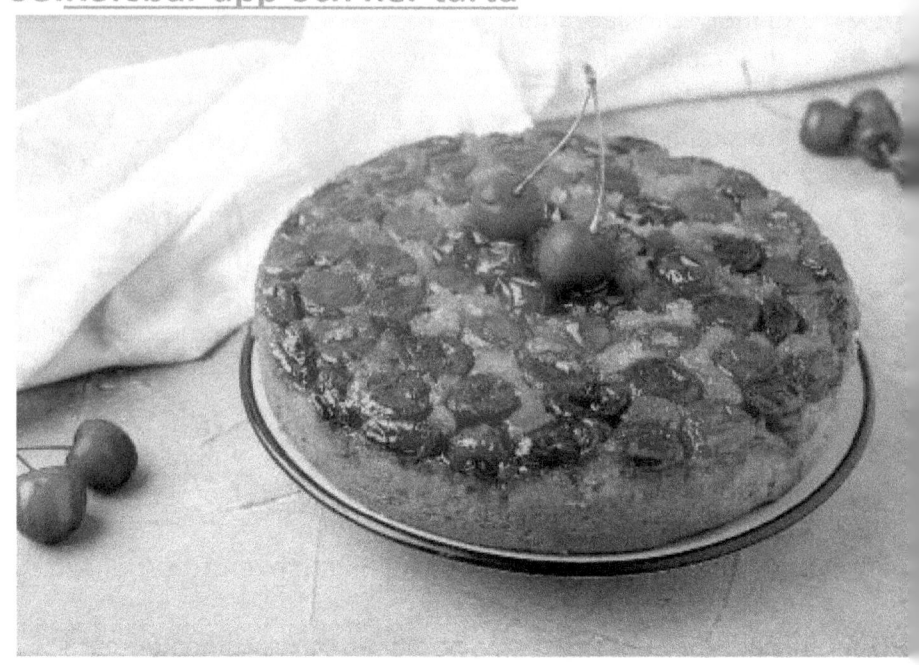

INGREDIENSER:
GARNERING:
- ¼ kopp Margarin
- ½ kopp socker
- 2 koppar sura körsbär

TÅKPORTION:
- 1 ½ koppar mjöl
- ½ kopp socker
- 2 tsk Bakpulver
- ½ tsk salt
- 1 ägg
- ½ kopp mjölk
- 3 matskedar Matfett, smält

INSTRUKTIONER:
a) Värm ugnen till 400 grader Fahrenheit (200 grader Celsius).
b) Smält ¼ kopp margarin i en 9-tums panna.
c) Tillsätt surkörsbären blandade med ½ kopp socker till det smälta margarinet i pannan, fördela dem jämnt.
d) För att göra kakportionen, blanda mjöl, ½ kopp socker, bakpulver och salt tillsammans i en skål.
e) Tillsätt det vispade ägget, mjölken och det smälta matfettet till de torra ingredienserna, rör om tills det är väl blandat.
f) Häll kaksmeten jämnt över körsbär och socker i pannan.
g) Grädda kakan i den förvärmda ugnen i cirka 30 minuter eller tills en tandpetare som sticks in i mitten kommer ut ren.
h) OMEDELBART efter gräddningen, vänd upp kakan på ett serveringsfat, så körsbärstoppningen nu ligger ovanpå kakan.
i) Servera Cherry Upside-Down-kakan varm och njut av de härliga smakerna av söta körsbär och den möra kakan!

59.Körsbärsmandelkruka de crème

INGREDIENSER:
- 2 koppar tung grädde
- ½ kopp strösocker
- 6 stora äggulor
- 1 tsk mandelextrakt
- 1 dl färska körsbär, urkärnade och halverade
- Skivad mandel och färska körsbär till garnering

INSTRUKTIONER:
a) Värm grädden och sockret i en kastrull tills det börjar sjuda.
b) Rör ner de halverade färska körsbären.
c) Ta av från värmen och låt dra i 15 minuter.
d) I en separat skål, vispa ihop äggulor och mandelextrakt tills det är slätt.
e) Häll långsamt den varma gräddblandningen med körsbär i äggulorna under kontinuerlig vispning.
f) Häll blandningen i individuella kastruller de creme cups och kyl i minst 4 timmar innan servering.
g) Garnera med skivad mandel och färska körsbär innan servering.

60. Cherry Brownie Paj

INGREDIENSER:
- 1 låda browniemix (plus de nödvändiga ingredienserna)
- 1 burk körsbärspajfyllning
- ½ kopp halvsöt chokladchips
- Vispad grädde, till topping

INSTRUKTIONER:
a) Värm ugnen enligt anvisningarna på browniemix-paketet och förbered browniesmeten enligt anvisningarna.
b) Fördela hälften av browniesmeten jämnt på botten av en smord eller fodrad 9-tums pajform.
c) Häll körsbärspajfyllningen över browniesmeten.
d) Strö de halvsöta chokladchipsen över körsbärspajfyllningen.
e) Fördela resterande hälften av browniesmeten över körsbärspajfyllningen och chokladchipsen.
f) Grädda enligt browniemixens anvisningar, vanligtvis cirka 30-35 minuter.
g) Låt browniepajen svalna helt innan du skär upp den.
h) Servera med vispad grädde på toppen.

61. Körsbärsskomakare

INGREDIENSER:
- ¼ kopp frysta körsbär
- 1 matsked strösocker
- 2 msk universalmjöl
- 1 msk smör

INSTRUKTIONER:
a) I en mikrovågssäker mugg, kombinera de frysta körsbären, strösockret, allroundmjölet och smöret.
b) Blanda ingredienserna väl tills körsbären är täckta med mjöl- och sockerblandningen.
c) Mikrovågsugn muggen på hög effekt i ca 1-2 minuter, eller tills skomakaren är kokt och körsbären bubblar. Den exakta tillagningstiden kan variera beroende på effekten på din mikrovågsugn, så håll ett öga på den.
d) Ta försiktigt ut muggen från mikrovågsugnen (den kan vara varm) och låt skomakaren svalna i en eller två minuter innan servering.
e) Du kan njuta av Cherry Cobbler som den är, eller så kan du servera den med en kula vaniljglass eller en klick vispgrädde för extra överseende.
f) Ta en sked och gräv ner i den varma och fruktiga Cherry Cobbler!

62.Vaniljsåska

INGREDIENSER:
- 2 koppar graham cracker smulor
- ½ kopp osaltat smör, smält
- 2 (8-ounce) förpackningar med färskost, mjukad
- 1 kopp strösocker
- 1 tsk vaniljextrakt
- 1 kopp tung grädde, vispad
- 1 (21-ounce) burk körsbärspajfyllning

INSTRUKTIONER:
a) I en medelstor skål, kombinera graham cracker smulor och smält smör. Blanda tills smulorna är jämnt täckta med smör.
b) Tryck ut smulblandningen i botten av en 9-tums springform, skapa ett jämnt lager. Ställ pannan i kylen för att kyla medan du förbereder fyllningen.
c) Vispa färskosten i en stor bunke tills den är slät och krämig.
d) Tillsätt strösocker och vaniljextrakt till färskosten och fortsätt att vispa tills det är väl blandat.
e) Vänd försiktigt ner den vispade grädden.
f) Häll färskostblandningen över den kylda skorpan i springformen och fördela den jämnt.
g) Häll körsbärspajfyllningen över färskostblandningen, bred ut den för att skapa ett lager.
h) Täck pannan med plastfolie och ställ i kylen i minst 4 timmar eller över natten för att stelna.
i) När den har stelnat tar du bort sidorna av springformen och skivar kakan för servering. Njut av den läckra körsbärskakan utan bakning!

63. Citronkörsbärsnötmousse

INGREDIENSER:

- ½ kopp Hela naturliga mandlar
- 1 kuvert smaklös gelatin
- 3 matskedar citronsaft
- 1 kopp strösocker; dividerat
- 1 burk (12 uns) indunstad mjölk
- 1 burk (21 ounce) körsbärspaj fyllning och topping
- 2 tsk rivet citronskal
- ¼ tesked mandelextrakt
- 4 äggvitor

INSTRUKTIONER:

a) Bred ut mandlar i ett enda lager på en plåt. Grädda i en ugn uppvärmd till 350 grader i 12-15 minuter, rör om då och då, tills de är lätt rostade. Kyl och hacka fint.

b) Strö gelatin över 3 matskedar vatten i en liten tjock kastrull. Låt stå i 2 minuter tills gelatinet har absorberat vatten.

c) Rör i citronsaft och ½ kopp socker; rör om blandningen på låg värme tills gelatin och socker har löst sig helt och vätskan är klar.

d) Häll avdunstad mjölk i en stor blandningsskål; rör i körsbärspajfyllning, citronskal och mandelextrakt. Rör i den lösta gelatinblandningen, blanda noggrant.

e) Kyl tills blandningen är tjock och puddingliknande i konsistensen.

f) Vispa äggvitan ljus och skum. Tillsätt gradvis det återstående sockret.

g) Fortsätt vispa tills det blir en hård maräng. Vänd ner marängen i körsbärsblandningen. Vänd försiktigt ner hackad mandel.

h) Häll mousse i 8 portionsskålar. Täck över och kyl i minst 2 timmar eller över natten innan servering.

64. Körsbärsmousse

INGREDIENSER:
- 6 stora ägg, separerade
- ½ kopp socker
- ¼ kopp Plus 2 matskedar vatten
- 3½ pints Heavy Cream
- 3½ kopp tårta eller söta körsbär, mosade

INSTRUKTIONER:
a) Placera vitorna i kylen och äggulorna i en stor skål av rostfritt stål och ställ åt sidan.
b) Blanda sockret och vattnet i en tjock kastrull. Blanda tills det löst sig och ställ på hög värme. Koka i 2 till 3 minuter. När det är klart och sockret är helt upplöst, ta av från värmen och vispa snabbt ner i äggulorna. Med en stavmixer, vispa denna blandning på hög hastighet i 5 till 8 minuter eller tills den blir styv och blank. Avsätta.
c) Vispa grädden tills det bildas hårda toppar och ställ åt sidan. Vispa äggvitorna till hårda toppar och ställ åt sidan.
d) Tillsätt de mosade körsbären i ägguleblandningen och blanda väl. Vänd ner den vispade grädden och sedan äggvitan. Häll upp i individuella serveringsfat eller en stor skål och ställ snabbt i kylen i minst 2 timmar, längre om möjligt. Servera med vispgrädde eller nötter som garnering.

65. Double Cherry Semifreddo

INGREDIENSER:
- 1 dl färska körsbär, urkärnade och halverade
- 1 dl maraschino körsbär, avrunna och halverade
- ½ kopp strösocker
- 1 msk citronsaft
- 4 stora ägg, separerade
- ½ kopp strösocker
- 1 tsk vaniljextrakt
- 1 ½ dl tjock grädde
- ½ kopp mandelmjöl (valfritt)
- Färska myntablad, för garnering (valfritt)

INSTRUKTIONER:
a) I en kastrull, kombinera färska körsbär, maraschino körsbär, strösocker och citronsaft. Koka på medelvärme, rör om då och då, tills körsbären släpper saften och sockret har löst sig. Detta tar cirka 10 minuter. Ta bort från värmen och låt den svalna helt.
b) När körsbärsblandningen har svalnat, överför den till en mixer eller matberedare och mixa tills den är slät. Avsätta.
c) Vispa äggulor, strösocker och vaniljextrakt i en bunke tills det blir tjockt och blekt.
d) Vispa grädden i en separat skål tills mjuka toppar bildas.
e) Vänd försiktigt ner den vispade grädden i äggulablandningen tills den är väl blandad.
f) Om så önskas, vik ner mandelmjölet för att lägga till lite textur till semifreddo.
g) Häll hälften av semifreddoblandningen i en brödform eller en fryssäker behållare.
h) Skeda hälften av körsbärspurén på semifreddoblandningen i pannan. Använd en kniv eller ett spett för att virvla ner purén i gräddblandningen.
i) Häll den återstående hälften av semifreddoblandningen över körsbärsvirveln.
j) Häll över den återstående körsbärspurén och rör ner den i gräddblandningen.

k) Täck pannan med plastfolie och frys i minst 6 timmar eller över natten tills den stelnar.
l) När du är klar att servera, ta ut semifreddon från frysen och låt den stå i rumstemperatur i några minuter för att mjukna något.
m) Garnera med färska myntablad om så önskas.
n) Skiva semifreddo och servera genast.
o) Njut av den förtjusande Double Cherry Semifreddo!

66. Tart Cherry Swirl Coconut Glass

INGREDIENSER:
- ¾ kopp plus 2 matskedar förångat rörsocker
- 1 (13½-ounce) burk fullfet kokosmjölk (inte lätt)
- 1 kopp mjölkfri mjölk
- 1 tsk vaniljextrakt
- ⅓ kopp torkade syrliga körsbär, grovt hackade
- ¼ kopp vatten
- ½ tesked pilrot eller tapiokastärkelse
- ½ tsk färsk citronsaft

INSTRUKTIONER:
a) I en stor kastrull, kombinera ¾ kopp socker med kokosmjölken och annan icke-mejerimjölk, vispa för att införliva. På medelvärme, låt blandningen koka upp, vispa ofta.
b) När det kokar, sänk värmen till medel-låg och vispa hela tiden tills sockret är upplöst, cirka 5 minuter. Ta av från värmen och tillsätt vaniljen under vispning.
c) Överför blandningen till en värmetålig skål och låt den svalna helt.
d) Medan glassbasen svalnar, kombinera de torkade körsbären och vattnet i en liten kastrull. Koka på medelvärme tills körsbären mjuknat och blandningen börjar bubbla.
e) I en liten skål, kombinera de återstående 2 msk socker och stärkelsen. Strö blandningen i körsbären och sänk värmen till en sjud.
f) Fortsätt koka tills blandningen tjocknar, cirka 3 minuter, vispa sedan i citronsaften. Överför till en värmebeständig skål för att svalna helt.
g) Häll glassbasblandningen i skålen på en 1½- eller 2-liters glassmaskin och bearbeta enligt tillverkarens instruktioner. När glassen är klar, ös upp en tredjedel i en frysssäker behållare och tillsätt sedan hälften av den kylda körsbärsblandningen.
h) Tillsätt ytterligare en tredjedel av glassen och toppa med resterande körsbärsblandning.
i) Toppa med den sista tredjedelen av glassen, dra sedan en smörkniv genom blandningen 2 eller 3 gånger för att virvla runt

den. Förvara i en lufttät behållare i frysen i minst 2 timmar innan du sätter ihop smörgåsarna.

ATT GÖRA SMÖRGORNA

j) Låt glassen mjukna något så den är lätt att ösa. Lägg hälften av kakorna med botten uppåt på en ren yta. Skopa en generös kula glass, cirka ⅓ kopp, på toppen av varje kaka.

k) Toppa glassen med de återstående kakorna, med kakbottnarna vidrör glassen.

l) Tryck försiktigt ner kakorna för att jämna ut dem.

m) Slå in varje smörgås i plastfolie eller vaxat papper och ställ tillbaka till frysen i minst 30 minuter innan du äter.

67. Gammaldags glass

INGREDIENSER:

- ¼ kopp apelsinjuice
- 0½ 0 ounce Triple Sec
- 2 uns Jack Daniel's
- 8 droppar Aromatic bitters
- 1 ¼ koppar strösocker
- 2 dl tung vispgrädde
- 1-2 branded körsbär

INSTRUKTIONER:

a) Kombinera juice, Jack Daniel's, triple sec och bitter i en stor skål.
b) Rör ner strösocker, ¼ kopp i taget tills det blandas.
c) Tillsätt vispgrädde och blanda tills det blir tjockt men inte hårt.
d) Lägg i en lufttät behållare eller en vaxpappersklädd form täckt med folie.
e) Frys in, över natten eller i upp till några dagar.
f) Servera toppad med konjakkörsbär.

68. Körsbär och mandel Pavlova

INGREDIENSER:
- 4 äggvitor
- 1 kopp strösocker
- 1 tsk vit vinäger
- 1 tsk majsstärkelse
- 1 dl vispad grädde
- 1 kopp urkärnade färska körsbär
- ¼ kopp skivad mandel, rostad

INSTRUKTIONER:
a) Värm ugnen till 300°F (150°C). Klä en plåt med bakplåtspapper.
b) Vispa äggvitan tills det bildas hårda toppar. Tillsätt gradvis socker, en matsked i taget, vispa ordentligt efter varje tillsats.
c) Tillsätt vinäger och majsstärkelse och vispa tills det precis blandas.
d) Sked blandningen på den förberedda bakplåten för att bilda en 8-tums (20-cm) cirkel.
e) Använd en spatel och skapa en brunn i mitten av pavlova.
f) Grädda i 1 timme eller tills pavlovan är knaprig på utsidan och mjuk på insidan.
g) Låt svalna helt.
h) Bred ut vispad grädde ovanpå pavlovan. Tillsätt urkärnade körsbär och strö över rostad skivad mandel.

69. Färska körsbärsflan

INGREDIENSER:

- 2 äggulor
- 1 helt ägg
- 3½ koppar söta mogna körsbär
- ½ kopp socker
- ½ kopp smör, smält
- 1 kopp mjöl
- 3 matskedar mörk rom
- 1 tsk rivet citronskal
- 1 kopp mjölk
- Pulversocker Och Creme Fraiche

INSTRUKTIONER:

a) Gröp försiktigt körsbären och lämna dem hela. Vispa ihop socker, äggulor och ägg till en jämn smet.
b) Vispa i ⅓ kopp smör och sedan mjöl, rom, skal och mjölk. Smeten ska bli väldigt slät.
c) Om så önskas kan smeten blandas snabbt i en mixer.
d) Belägg en 9-tums bakform eller panna med återstående smör. Lägg körsbär på botten och häll smeten över.
e) Grädda i en förvärmd 400 graders ugn i 35 - 40 minuter eller tills den är gyllenbrun och lätt puffad och stelnad.
f) Servera varm med strösocker och en klick creme fraiche eller två.

ATT GÖRA CREME FRAICHE:

g) Tillsätt 3 msk odlad kärnmjölk eller 1 kopp odlad gräddfil till 2 dl tung grädde i en kastrull. Värm försiktigt till ca 90 grader Av värme och häll upp i en ren burk.
h) Täck över löst och låt stå i rumstemperatur (75 - 80 grader) i 6 - 8 timmar eller över natten tills krämen är väldigt tjock.
i) Rör om försiktigt, täck över och ställ i kylen i upp till 2 veckor.

70.Körsbärsrullad glass

INGREDIENSER:
BASINGREDIENS
- 1 kopp grädde
- ½ kopp kondenserad mjölk

GARNERING
- 1 till 2 droppar körsbärsblomsextrakt
- 4 uns vit choklad, hackad
- ¼ kopp körsbär , avrunna
- En näve pistagenötter (valfritt)

INSTRUKTIONER:
a) Ta en ren och stor bakplåt och tillsätt grädde och kondenserad mjölk.
b) Tillsätt toppingen och krossa dem med en spatel.
c) Fördela jämnt och frys in över natten.
d) Nästa dag, med samma spatel, rulla glassen från ena änden av brickan till den andra.

71. Cherry Cheesecake Glass

INGREDIENSER:
- 3 uns färskost, mjukad
- 1 (14-ounce) burk sötad kondenserad mjölk
- 2 koppar halv-och-halva
- 2 dl vispgrädde
- 1 msk vaniljextrakt
- ½ tesked mandelextrakt
- 10 uns maraschino körsbär, avrunna och hackade

INSTRUKTIONER:
a) I en stor mixerskål, vispa färskost tills det är fluffigt.
b) Tillsätt gradvis sötad kondenserad mjölk tills den är slät.
c) Tillsätt resterande ingredienser; blanda väl.
d) Häll i en glassfrysbehållare och frys in enligt tillverkarens anvisningar.

72. Körsbärstårta

INGREDIENSER:
- 1 förpackning Chokladkakamix
- 21 uns burk körsbärspajfyllning
- ¼ kopp olja
- 3 ägg
- Cherry Frosting

INSTRUKTIONER:
- Blanda och häll i en smord Bundt-panna.
- Grädda i 350ø i 45 minuter.
- Låt svalna i pannan i 30 minuter och ta sedan bort.

73. Cherry gateau

INGREDIENSER:

- 3 stora ägg
- 4½ uns strösocker (granulerat)
- 3 uns vanligt mjöl
- ½ uns kakaopulver
- 15 uns svarta körsbär
- 2 tsk Arrowroot
- 1-pint dubbelkräm (upp till)
- 3 msk Kirsch eller konjak
- 3 Cadburys flingor

INSTRUKTIONER:

1) Vispa ihop ägg och socker tills den är väldigt blek och väldigt tjock och vispen lämnar ett spår när den lyfts. Sikta samman mjöl och kakao två gånger och vänd ner dem i äggblandningen. Häll i en smord och klädd 23 cm/9" rund djup kakform.
2) Grädda i 375F i cirka 30 minuter eller tills den är fast vid beröring. Kyl på galler.
3) När kakan är kall skär den i tre lager. Låt körsbären rinna av, spara burken med sirap. Blanda ½ pint av sirapen (tillsätt vatten om det behövs) med pilroten i en kastrull och låt koka upp under omrörning. Sjud tills det tjocknat och klart.
4) Halvera körsbären, ta bort stenarna (gropar) och lägg dem i pannan, spara några för dekoration. Häftigt. Vispa grädden tjock.
5) Lägg det nedersta tårtlagret på ett serveringsfat och bred över hälften av körsbärsblandningen och ytterligare ett lager grädde. Täck med det andra tårtlagret. Strö över kirsch eller konjak och bred sedan över den återstående körsbärsblandningen och ytterligare ett lager grädde. Lägg försiktigt det översta lagret av kakan på krämen.
6) Spara lite grädde för dekoration, fördela resten över toppen och sidorna av kakan. Gör ett dekorativt mönster på toppen. Flinga eller riv chokladen och tryck ut det mesta på sidorna av kakan.
7) Sprid den reserverade grädden i virvlar ovanpå kakan och dekorera den med den återstående chokladen och de reserverade körsbären. Låt kakan stå i 2-3 timmar innan servering.

74. Körsbärssufflé

INGREDIENSER:
- 16 uns sura urkärnade körsbär, avrunna
- 5 matskedar konjak
- 4 rutor bakchoklad
- 2 kuvert med gelatin utan smak
- 3 ägg, separerade
- 14 uns sötad kondenserad mjölk
- 1½ tesked vanilj
- 1 kopp indunstad mjölk

INSTRUKTIONER:
1) Hacka körsbär & marinera dem i konjak (eller körsbärsvätska). Blötlägg gelatinet i ½ kopp körsbärsjuice.
2) Vispa äggulor något; rör ner sötad mjölk & gelatin. Värm över låg värme tills gelatinet löser sig; tillsätt choklad och värm tills den smält och blandningen tjocknar något. Rör ner körsbär & vanilj; kyl tills blandningen hopar sig något när den tappas från en sked.
3) Vispa avdunstad mjölk & äggvita tills blandningen håller styva toppar.
4) Vänd ner gelatinblandningen. Häll i en 1-liters suffléform med en 3" krage. Kyl tills den stelnat, flera timmar eller över natten. Ta bort kragen; garnera med körsbär, chokladlockar eller vispad topping.

75.Cherry Tiramisu

INGREDIENSER:

FÖR KÖRSBÄRSFYLLNING
- ½ kopp körsbärsjuice eller sirap
- 1 kopp urkärnade körsbär
- 1 msk majsmjöl
- 2 matskedar socker

FÖR KAFFEBLANDNING
- 2 msk snabbkaffe
- 1 kopp varmt vatten

FÖR MASCARPONEKRÄM
- 200 ml tung grädde
- 250 g mascarpone
- 6-8 matskedar strösocker
- 1 tsk vaniljextrakt

FÖR MONTERING
- 15 ladyfinger kex ca. 100 g
- chokladsås
- mörk chokladspån
- kakaopulver för att pudra
- färska eller burkkörsbär till garnering

INSTRUKTIONER:

1) Förbered körsbärsfyllningen genom att blanda 2 msk körsbärsjuice/sirap med körsbär tillsammans med socker och majsmjöl.
2) Låt den återstående körsbärsjuicen koka upp och tillsätt sedan dina körsbär. Blanda på låg värme tills vätskan har tjocknat och körsbären är lite mosiga. Ställ åt sidan för att svalna.
3) Förbered ditt kaffe genom att blanda snabbkaffe med varmt vatten och låt det svalna. Du kan också använda espressokapslar istället för snabbkaffe. Du behöver runt en kopp kaffe.
4) I en kall skål, vispa upp din tunga grädde till medelstora toppar. Tillsätt sedan din mascarpone, strösocker och vaniljextrakt. Vispa tills allt är krämigt och slätt.
5) När allt har svalnat börjar du montera. Jag använder tre olika medelstora glasögon. Du kan använda vad du föredrar.
6) Börja med att doppa ladyfingers i kaffet. Du får inte dunka mer än en sekund. De blir väldigt snabbt mjuka och mosiga. Dessutom kommer de att fortsätta mjukna med mascarponen på toppen. Bryt ladyfingers

om de är stora för dina serveringsglas. Gör en bas på botten med så många ladyfingers som du behöver.

g) Häll sedan lite mascarponekräm ovanpå. Ringla lite chokladsås, så mycket du vill. Lägg sedan på ett lager körsbär. Upprepa med en annan bas av ladyfingers doppad i kaffe följt av mascarponekräm.

h) Pudra med kakaopulver och strö över lite chokladspån. Lägg ett färskt körsbär på toppen. jag

i) Kyl i 2-3 timmar innan servering. Njut av kylan!

76.Körsbärsfrukt Chia Pudding

INGREDIENSER:
- 2 msk chiafrön
- ½ kopp osötad mandelmjölk
- 1 tsk lönnsirap
- ½ tesked vaniljextrakt
- ⅓ kopp frysta skogsfruktbär, tinade
- 1 msk vegansk naturlig kokosyoghurt
- 1 matsked granola

INSTRUKTIONER:
a) Chiapudding: Vispa chiafrön, mandelmjölk, lönnsirap och vaniljextrakt i en liten skål. Låt det sitta i 10 minuter och låt det tjockna något. Efter 10 minuter, vispa igen för att ta bort alla klumpar som kan ha bildat och fördela fröna jämnt i mjölken.
b) Häll chiapuddingen i en lufttät behållare och ställ den i kylen i minst en timme, gärna över natten.
c) Körsbärsyoghurt: Gör under tiden körsbäryoghurten. Mosa bären med en gaffel tills du är nöjd med konsistensen. Alternativt kan du använda en liten mixer. Rör sedan ner yoghurten i den puréda frukten tills allt har införlivats. Täck över och förvara kylt tills din chiapudding har tjocknat.
d) Toppings: När du är klar att servera, häll körsbäryoghurten ovanpå chiapuddingen och strö över lite krispig granola. Jag älskar också att toppa min med färska körsbär.

77. Cherry Cannoli

INGREDIENSER:
FÖR KANNOLI
- 2 stora äggvitor
- ⅓ kopp socker
- 1 msk rapsolja
- 1 msk smör, smält
- 2 tsk rent vaniljextrakt
- 1 msk kakaopulver
- ⅓ kopp universalmjöl

FÖR DE ROSTADE KÖRSBÄREN
- 2 dl färska körsbär, urkärnade
- ⅓ kopp socker
- 2 tsk majsstärkelse

FÖR VISPAGÄLLEN
- 1 kopp kyld tung vispgrädde
- 1 msk kirsch
- 1 kopp strösocker

INSTRUKTIONER:
a) Värm ugnen till 375.
b) Smörj två bakplåtar lätt med bakspray; avsätta.
c) Vispa ihop äggvita, socker, rapsolja, smält smör och vanilj i en medelstor skål. Vispa tills det är ordentligt blandat.
d) Tillsätt kakaopulver och mjöl; fortsätt att vispa tills den är slät och inga klumpar uppstår.
e) Sked 4 högar av smet på varje bakplåt, använd 3 teskedar smet för varje, avstånd cookies 3 tum från varandra.
f) Med baksidan av skeden, sprid varje kaka till en diameter på cirka 4 tum.
g) Grädda i 6 till 7 minuter, eller tills kanterna börjar bli bruna.
h) Använd en förskjuten spatel, lossa kakorna från bakplåten och forma dem till rörform. Du kan använda ett runt metallredskap och linda kakorna runt det.
i) Lägg kakorna med sömmen nedåt och låt svalna.
j) Förbered körsbären under tiden.
k) Värm ugnen till 400.
l) Kombinera körsbär, socker och majsstärkelse i en mixerskål och blanda ihop.
m) Överför till en ugnsform/form.

- Rosta i 40 till 45 minuter, eller tills juicen är bubblig, rör om var 15:e minut.
- Låt svalna helt och ställ i kylen tills den ska användas.
- Förbered vispad grädde.
- Kombinera kyld tung vispgrädde, Kirsch och strösocker i din mixerskål.
- Vispa blandningen tills styva toppar bildas; kyl tills den ska användas.
- Sätt ihop kakor
- Fördela rostade körsbär jämnt och stoppa in dem i varje cannoliskal.
- Häll den beredda vispgrädden i en konditoripåse försedd med en stjärnspets och rör fyllningen i cannoliskal.
- Tjäna.

78.Körsbärstårta

INGREDIENSER:
- ½ kopp smör
- 21 uns fyllning på burk körsbärspaj
- 1¼ koppar smulor av chokladrån
- 3 ägg
- ⅔ kopp mjöl
- 1 msk kraftig vispgrädde
- ¼ teskedar salt
- 2 uns halvsöt choklad
- ⅔ kopp socker
- 1 tsk vaniljextrakt

INSTRUKTIONER:
1) I en liten skål, kombinera rån smulor och socker; rör ner smör. Tryck på botten och uppåt på sidorna av en lätt smord 11-in. räfflad tårtaform med löstagbar botten.
2) Lägg formen på en bakplåt.
3) Grädda i 350° i 8-10 minuter eller tills de fått lite färg. Kyl på galler.
4) Smält smör och choklad i en mikrovågsugn; rör om tills det är slätt. Kyl i 10 minuter. Vispa ägg, socker, vanilj och salt i en stor skål tills det tjocknar, cirka 4 minuter. Blanda i en chokladblandning. Rör ner mjöl och blanda väl.
5) Häll i skorpan; fördela jämnt.
6) Grädda i 350° i 25-30 minuter eller tills en tandpetare i mitten kommer ut ren. Kyl helt på galler.
7) Bred pajfyllningen över toppen.
8) Smält choklad och grädde i en mikrovågsugn; rör om tills det är slätt. Kyl i 5 minuter, rör om då och då.
9) Ringla över tårtan. Kyl tills den stelnat.

79. Körsbärsglasögon med brownies

INGREDIENSER:
FÖR GASSEN
- 568ml pott enkel kräm
- 140 g strösocker
- 4 äggulor
- ½ tesked vaniljextrakt
- 200g mörk choklad (70% kakao), plus extra för att dekorera

TILL KÖRSBÄRSSÅSEN
- 1/2 400g burk körsbär
- 2 msk kirsch eller konjak

ATT TJÄNA
- 148ml dubbelkräm
- 2 tsk florsocker
- 2 brownie rutor

FÖR BROWNIES
- 200 g smör
- 175 g mörkt farinsocker
- 140 g strösocker
- 4 ägg
- 50 g mald mandel
- 50 g vanligt mjöl
- 200 g mörk choklad

INSTRUKTIONER:
a) Till glassen, häll grädden i en kastrull och låt den koka upp. Vispa ihop socker, äggulor och vanilj. Häll över 2 msk av grädden och vispa ner i äggblandningen.

b) Häll äggblandningen i pannan med grädden, sänk värmen och låt koka i några minuter under konstant omrörning med en träslev tills vaniljsåsen täcker baksidan av skeden.

c) Smält chokladen i mikrovågsugnen på High i 1 min och rör sedan ner i skålen med vaniljsås. När vaniljsåsen har svalnat, kärna i en glassmaskin enligt tillverkarens anvisningar.

d) För att göra såsen, häll av körsbären, spara vätskan och ställ sedan åt sidan. Häll vätskan i en kastrull med kirsch eller konjak och låt sjuda i 5 minuter eller tills det blir sirap. Häll tillbaka körsbären i pannan för att bli genomvärmd.

e) För att montera glassen, vispa grädden med florsockret tills mjuka toppar bildas. Skär browniesna i lagom stora bitar och lägg sedan en näve i botten av 4 glas. Ös över glassen och ringla sedan över körsbä och sås. Doppa med vispad grädde och strö över riven choklad.

f) FÖR BROWNIES: Värm ugnen till 180C/fläkt 160C/gas 4, smörj sedan och klä en 20 cm fyrkantig brownieform. Hetta upp smör och mörk choklad i en panna tills det smält. Rör igenom mörkt farinsocker och strösocker. Låt svalna i 5 minuter och blanda sedan genom äggen.

g) Rör ner mandeln och mjölet. Häll i formen och grädda sedan i 30-3! minuter tills den precis är genomstekt.

0.Cherry Bircher

INGREDIENSER:
- 2 små päron, rivna
- 10 matskedar (60g) havregryn
- 1 msk kakaopulver eller kakaopulver
- 200 g grekisk yoghurt, plus 4 matskedar
- 5 matskedar mjölk
- 1 matsked lönnsirap eller honung, plus extra att servera (valfritt)
- 200 g körsbär, halverade och urkärnade
- 2 rutor mörk choklad

INSTRUKTIONER:

a) Kombinera päron, havre, kakao, yoghurt, mjölk och lönnsirap i en skål. Dela mellan fyra skålar (eller behållare om du tar det till jobbet).

b) Toppa varje servering med några körsbär, 1 msk yoghurt och lite extra lönnsirap, om du vill. Riv chokladen fint över Birchern, ge varje portion en lätt pudra.

c) Ät direkt eller ställ i kylen i upp till 2 dagar.

31. Cherry Zuccotto

INGREDIENSER:

- 1 kopp vispgrädde
- 1-2 matskedar socker
- 14 uns burk körsbärspajfyllning
- 3 matskedar riven mörk choklad
- 1 tum nio bakad chokladkaka

INSTRUKTIONER:

a) Skär kakan på mitten och tryck ner i en 8-tums skål som du har sprayat med matlagningsspray och sedan klätt med plastfolie som hänger över kanterna.
b) Med plastfolien i, tryck in kakan och UPP sidorna av skålen så mycket du kan för att bilda den övre kupolen.
c) Lägg i burken med körsbär.
d) Ta gräddkoppen och vispa den tills det är vispad grädde. Tillsät sockret efter din smak, jag föredrar mindre söt vispgrädde eftersom pajfyllningen är väldigt söt.
e) Lägg den vispade grädden i kakan, ovanpå körsbären.
f) Strö de mörka chokladspånen på den vispade grädden.
g) Lägg på botten av tårtan och skär bort allt tills det passar. Tryck ner den ordentligt, men inte så hårt att allt kommer ut en del! Sedan, om du har kvar plastfolien, ta helt enkelt bort den från skålens sidor och täck över den
h) Kyl över natten. Vänd upp den på en tallrik, så ska den komma ut vackert med plastfolien.
i) Ta bort plastfolien och njut!

32. Cherry Boule-de-Neige

INGREDIENSER:

KAKA
- Nonstick vegetabilisk olja spray
- ⅓ kopp körsbärskonserver
- 2 matskedar kirsch
- 1 ½ dl torkade syrliga körsbär
- 1 pund bittersöt choklad, hackad
- 1 kopp (2 pinnar) osaltat smör
- 1 ¼ koppar socker
- 1 tsk vaniljextrakt
- 6 stora ägg
- ⅓ kopp universalmjöl

KIRSCH VISKAD
- 2 dl kyld vispgrädde
- ¼ kopp strösocker
- 4 tsk kirsch (klar körsbärsbrandy)
- ¼ tesked mandelextrakt
- 16 kanderade violetta kronblad

INSTRUKTIONER:
FÖR TÅRTA:

a) Placera gallret i den nedersta tredjedelen av ugnen och förvärm till 350°F. Fodra en 10-kopps metallskål med folie, som sträcker sig 3 tum över sidorna. Spraya folie med nonstick-spray. Rör om konserver med kirsch i en medelstor stekpanna på medelvärme tills konserverna smält.

b) Tillsätt torkade körsbär; koka upp. Omslag; avlägsna från värme. Låt svalna.

c) Smält choklad med smör i en tjock stor kastrull på medelhög värme, rör om tills den är slät. Avlägsna från värme.

d) Vispa i socker och vanilj, vispa sedan i ägg 1 i taget. Blanda i mjöl, sedan körsbärsblandning. Överför smeten till den förberedda skålen.

e) Grädda kakan i en skål i 30 minuter. Vik folieöverhänget över kanterna på kakan för att förhindra överbrunning.

f) Fortsätt att grädda kakan tills toppen är sprucken och torr och testaren som sätts in i mitten kommer ut med lite fuktig smet fäst, cirka 55 minuter längre. Kyl kakan helt i en skål på gallret (kakan kan falla i mitten).

Tryck till tårtans kant ordentligt så att den ligger i nivå med mitten av kakan. Täck över och låt stå i rumstemperatur över natten.

FÖR KIRSCH Vispgrädde:

Använd en elektrisk mixer, vispa grädde, strösocker, kirsch och mandelextrakt i en stor skål tills krämen håller toppar.

Vänd upp kakan på ett fat. Dra av folien. Häll upp vispad grädde i en stor konditoripåse försedd med en medelstor stjärnspets. Spruta vispgrädde stjärnor över kakan, täck den helt. Spruta ytterligare stjärnor över den övre platta mitten av kakan för att bilda en kupol. Dekorera med kanderade violer.

DRYCK

33. Körsbärsvanilj Bourbon

INGREDIENSER:
- 1 kopp urkärnade färska eller frysta körsbär
- 1 vaniljstång, delad
- 2 koppar bourbon
- ½ kopp honung eller lönnsirap

INSTRUKTIONER:
a) Kombinera körsbär, vaniljstång, bourbon och honung i en glasburk.
b) Förslut och låt det dra på en sval, mörk plats i 1 till 2 veckor, skaka då och då.
c) Sila och förvara i en ren flaska.

34.Körsbärslemonad

INGREDIENSER:
- 1 pund färska surkörsbär (ställ åt sidan några för garnering)
- 2 koppar socker
- 8 koppar vatten
- 6 till 8 citroner, plus extra för garnering

INSTRUKTIONER:
a) I en medelstor kastrull, kombinera surkörsbär, socker och 3 koppar vatten.
b) Sjud i 15 minuter och låt den sedan svalna till rumstemperatur.
c) Sila blandningen genom en finmaskig sil.
d) Saft tillräckligt med citroner för att ge 1 ½ koppar citronsaft.
e) Kombinera körsbärsjuice, citronsaft och cirka 5-6 koppar kylt vatten (anpassa efter din smak).
f) Rör om väl och tillsätt om så önskas tunna citronskivor och färska körsbär för extra känsla.

5.Cherry Tutti-frutti

INGREDIENSER:
- 4 pund jordgubbar
- 2 pund hallon
- 1 pund blåbär
- 2 pund persikor
- Två 16-ounce burkar sura körsbär
- 12-ounce burk fryst röd druvjuice
- 12-ounce burk ananas, banan, passionsfruktdryck
- 6 pund socker
- 2 pund ljus honung
- tillräckligt med vatten för att kompensera fem liter
- 10 teskedar syrablandning
- 1½ tsk tannin
- 2½ teskedar pektinenzym
- 6 tsk jäst näringsämne
- 5 Campden-tabletter, krossade (valfritt)
- 1 paket champagnejäst

INSTRUKTIONER:

a) Förbered all frukt och lägg den i en stor eller två mindre silpåsar av nylon. Tina safterna. Placera dem i botten av en sanerad primär fermentor.

b) Koka cirka 1 till 2 liter vatten med socker och honung, beroende på hur stor vattenkokare du har. Skumma om det behövs.

c) Häll det varma sockervattnet över frukten och juicerna. Tillsätt resten av vattnet som behövs för att göra upp de fem literna och lite över.

d) Tillsätt jästens näringsämne, syra och tannin, inklusive Campden-tabletterna, om du väljer att använda dem.

e) Täck och montera med ett luftsluss. Om du använder Campden-tabletterna, vänta minst 12 timmar innan du tillsätter pektinenzym. Om ytterligare 12-24 timmar, kontrollera PA och tillsätt jästen.

f) Rör om dagligen. Om en vecka eller två, lyft ut fruktpåsarna och låt dem rinna av utan att klämma. Kasta frukten. Kolla in volymen av vin och PA. Om du behöver tillsätta mer vatten, gör det. Om du har lite för mycket, oroa dig inte. Livet är för kort som det är.

g) När PA går ner till 2 till 3 procent, ställ vinet i en glaskar och montera det med en luftsluss.

h) Räcka den två gånger till under de kommande sex månaderna eller så. Vänta tills vinet klarnar och det jäser ut.

i) Flaska den i stora och normalstora flaskor. Vänta sex månader innan du försöker.

86. Ananas körsbär Punch

INGREDIENSER:
- 3-ounce paket med körsbärsgelatinblandning
- 1 kopp varmt vatten
- 46-ounce burk ananasjuice, kyld
- 4 dl äppeljuice, kyld
- ¾ dl citronsaft
- 1 1tr. ginger ale, kyld
- Garnering: maraschino körsbär, citronklyftor

INSTRUKTIONER:
1) Rör ihop gelatinmix och hett vatten i en liten skål tills gelatinet lösts upp.
2) Häll i en stor kanna, rör i juicer; kyla.
3) När du är redo att servera, tillsätt ginger ale i kannan, rör försiktigt för att kombinera.

87. Bourbon och körsbärscocktail

INGREDIENSER:
- 4 matskedar bourbon
- 1 msk + 1 tsk körsbärsbrandy
- 1 msk brun creme de cacao
- 1 tsk Kahlua

ATT GARNERA
- flöt av grädde (dubbel/tung)
- maraschino körsbär
- riven choklad/kakaopulver

INSTRUKTIONER:
1) Häll ett körsbär i varje cocktailglas
2) Lägg en handfull is i en cocktailshaker eller kanna och tillsätt sedan all alkohol
3) Rör om i 20 sekunder och sila sedan ner i glasen
4) Flyt lite dubbelkräm över toppen av cocktailen (se anteckningar)
5) Strö över riven choklad eller lite siktat kakaopulver

88. Cherry Cucumber Refresher

INGREDIENSER:
- 1 gurka, skalad och hackad
- 1 näve körsbär
- 1 msk färsk koriander
- 3 koppar vatten

INSTRUKTIONER:
a) Lägg dina ingredienser i en kanna.
b) Ställ i kyl några timmar för att dra.
c) Servera ordentligt kyld.

89.Körsbärslimeade

INGREDIENSER:
- 1 dl färska körsbär, urkärnade
- 2 limefrukter, tunt skivade
- Agavesirap, efter smak

INSTRUKTIONER:
1) Lägg ingredienserna i din masonburk.
2) Servera kyld.

90.Körsbärsmyntavatten

INGREDIENSER:
- 8 färska körsbär, urkärnade och halverade
- Vatten
- ¼ kopp myntablad

INSTRUKTIONER:
1) Mosa körsbären och lägg dem i en burk.
2) Fyll burken med vatten; skaka den ordentligt.
3) Servera kyld och njut!

91.Körsbär Och Persilja Mocktail

INGREDIENSER:
- 7 uns rökt socker
- 7 uns färska körsbär, urkärnade
- 4 kvistar färsk persilja
- 2 matskedar honung
- saft av 1 citron
- Club soda

INSTRUKTIONER:
1) Kombinera det rökta sockret med 8 uns vatten i en kastrull och koka på låg värme, rör om tills sockret löser sig.
2) Ta av värmen och tillsätt körsbär och persilja.
3) Överför sirapen till en steriliserad glasburk och låt dra i 3 timmar.
4) Häll upp den smaksatta sirapen i 4 glas och tillsätt honung och citronsaft.
5) Toppa med kyld club soda.

92.Iced körsbärsmocka

INGREDIENSER:
- 4 matskedar espresso
- Is
- 1 msk chokladsirap
- 1 msk körsbärssirap
- ½ msk kokossirap
- 16 matskedar Kall mjölk
- Vispgrädde; för topping
- Rakad choklad; för topping
- 1 körsbär; till garnering

INSTRUKTIONER:
a) Häll espresso i ett 12-ounce glas fyllt med is.
b) Tillsätt sirap och mjölk och rör om.
c) Toppa med en rejäl klick vispad grädde och rakad choklad och garnera med ett körsbär.

93. Bing Cherrylikör

INGREDIENSER:
- 2 skivor citron
- 1 Femte VO
- Bing körsbär
- 2 matskedar socker

INSTRUKTIONER:
a) Fyll varje burk till hälften med körsbär.
b) Lägg till varje citronskiva och en matsked socker.
c) Fyll sedan till toppen med VO stäng locket tätt, skaka och låt dra på en sval plats i 6 månader.

94.Körsbärsvanilj Bourbon

INGREDIENSER:
- 2 vaniljstång , delade
- 8 uns torkade eller färska körsbär
- 32 uns whisky

INSTRUKTIONER:
a) Kombinera allt och låt dra på en sval, mörk plats i minst 2 dagar.

95.Körsbärsbrännvin

INGREDIENSER:
- ½ pund Bing körsbär. stammade
- ½ pund Strösocker
- 2 koppar konjak

INSTRUKTIONER:
a) Lägg körsbär i en 1-liters burk.
b) Häll socker över körsbären.
c) Häll konjak över socker och körsbär.
d) Brant i 3 månader. SKAKA INTE.
e) Sila i en flaska.

96.Körsbärsinfunderad konjak

INGREDIENSER:
- 33 uns konjak
- 0,15 uns vaniljstång
- 23 ounce Sötkörsbär, urkärnade
- 7 uns strösocker

INSTRUKTIONER:
a) Fyll en tvåkvartsburk med urkärnade söta körsbär.
b) Tillsätt strösocker, en vaniljstång och konjak.
c) Stäng burken och låt dra i 2 veckor

97. Cherry Kombucha

INGREDIENSER:

- 14 koppar svart te kombucha, uppdelat
- 32 uns söta körsbär, urkärnade

INSTRUKTIONER:

a) I en matberedare eller mixer, puré körsbären tillsammans med cirka 1 kopp kombucha tills de är flytande.

b) Tillsätt purén och resterande kombucha i en 1-liters glasburk och täck den med en ren vit trasa fäst med ett gummiband.

c) Lämna burken på bänken på en varm plats, runt 72°F, i minst 12 timmar och inte mer än 24 timmar. Ju längre den drar, desto starkare blir körsbärssmaken.

d) Häll kombuchan genom en trådnätsil över en stor burk eller gryta för att ta bort eventuellt fast material.

e) Använd en tratt, häll kombuchan på flaskor och lock dem ordentligt. Placera flaskorna på en varm plats, cirka 72°F, för att jäsa i 48 timmar.

f) Kyl 1 flaska i 6 timmar tills den är ordentligt kyld. Öppna flaskan och smaka av kombuchan. Om det är bubbligt till din belåtenhet, kyl alla flaskorna och servera när de är kylda.

g) När din önskade brus och sötma har uppnåtts, kyl alla flaskor för att stoppa jäsningen.

98. Cherry Martini

INGREDIENSER:
- 2 uns vaniljvodka
- ½ uns chokladlikör
- ½ uns Creme De Cacao
- 2 tsk körsbärsjuice
- Garnering: Vispad grädde/chokladspån/körsbär

INSTRUKTIONER:
a) Kombinera vaniljvodka, chokladlikör, creme de cacao och körsbärsjuice i ett isfyllt glas.
b) Skaka väl.
c) Sila blandningen i ett coupéglas och toppa med vispad grädde, chokladspån och en körsbär.

99.Cherry Boba milkshake

INGREDIENSER:
- 110 ml chokladmjölksdryck
- 3 skopor mjölkpulver
- 2 skopor körsbärspulver
- Några skopor krossad is
- Och även några skopor boba-pärlor

INSTRUKTIONER:
a) Skaka allt i en kopp med lock.
b) Till sist, isen och boba-pärlorna.

100. Cherry Vanilj Smoothie

INGREDIENSER:
- 1 kopp frysta urkärnade körsbär
- ¼ kopp råa macadamianötter
- ½ banan, skuren i bitar
- ¼ kopp torkade gojibär
- 1 tsk rent vaniljextrakt
- 1 kopp vatten
- 6 till 8 isbitar

INSTRUKTIONER:
a) Lägg alla ingredienser utom glass i en mixer och kör tills den är slät och krämig.
b) Tillsätt isen och bearbeta igen. Drick iskall.

SLUTSATS

När vi avslutar vår resa genom körsbärsvärlden hoppas jag att den hä kokboken har inspirerat dig att utforska de söta och syrliga smakerna av denna älskade frukt i ditt eget kök. "DEN ULTIMATA KÖRSBÄR KOKBOKEN" har skapats med en passion för att fira körsbärens läckra mångsidighet, och erbjuder ett brett utbud av recept för att passa alla smaker och tillfällen.

Tack för att du följde med mig på detta kulinariska äventyr. Må ditt kö fyllas med den oemotståndliga doften av körsbärspajer som bakas ugnen, den söta syltigheten från körsbärssylt som puttrar på spiser och de livfulla färgerna på körsbärssallader som pryder ditt bord Oavsett om du njuter av körsbär som ett sött mellanmål eller införliva dem i salta rätter, kan varje tugga vara en hyllning till läckerheten ho: denna älskade frukt.

Tills vi ses igen, glad matlagning och må dina kulinariska skapelse fortsätta att glädja och inspirera. Skål för den underbara världen a körsbär och glädjen de ger till våra bord!

www.ingramcontent.com/pod-product-compliance
Lightning Source LLC
Chambersburg PA
CBHW070352120526
44590CB00014B/1107